Ok! Click 시리즈 ⑫

HTML 태그랑 친해지기

ok click

<img src="">

<table></table>

<a href="파일명">클릭</a>

<embed src="">

<body text="">

잘못된 책은 바꾸어 드립니다.

COPYRIGHT

Ok Click HTML 태그랑 친해지기

2010년 6월 30일 초판 1쇄 발행
2016년 3월 14일 초판 4쇄 인쇄
2016년 3월 24일 초판 4쇄 발행

저 자 | 김혜영
기 획 | 김미영
디자인 | 정연아
펴낸이 | 양철우
펴낸곳 | (주)교학사
주 소 | (공장)서울특별시 금천구 가산디지털1로
 (사무소)서울특별시 마포구 마포대로14길 4
전 화 | 02-707-5314(문의), 02-707-5147(영업)
팩 스 | 02-707-5316(문의), 02-839-2728(영업)
등 록 | 1962년 6월 26일 〈18-7〉
정 가 | 8,000원
홈페이지 | http://www.kyohak.co.kr

Ok! Click 시리즈는 컴퓨터 OA 기반을 다질 수 있도록 야심차게 준비한 교재입니다. 인터넷이 일반화되고 컴퓨터가 기본이 돼버린 현실에서 컴퓨터를 보다 쉽고 재미있게 배울 수 있도록 어렵지 않은 예문과 큰 글자체, 큰 화면 그림으로 여러 독자층이 누구나 부담없이 책을 펼쳐 배울 수 있도록 만들었습니다.

내용면에서는 초보자가 컴퓨터를 이해하고, 쉽게 활용할 수 있도록 쉬운 예제와 타이핑이 빠르지 않은 독자를 위해 많은 분량의 타이핑 예문은 배제하였습니다.

편집면에서는 깔끔하고 시원스러운 편집으로 눈에 부담을 줄이도록 구성하였습니다.

일선에서 근무하시는 선생님과 실제 수강하는 학생들을 대상으로 베타테스트를 통해 교재의 신뢰도를 높였습니다.

교재는 다음과 같이 구성되었습니다.

1 | [배울 내용 미리보기]를 통해 학습할 내용이 무엇인지 이해시키고 학습동기를 유발 하도록 구성하였습니다.

2 | 교재 전체 구성은 전체 24강으로 구성하고 한 강 안에 소제목을 두어 수업의 지루함을 없애고, 단계별로 수업 및 공부할 수 있도록 구성하였습니다.

3 | [참고하세요]를 이용하여 교재의 따라하기 설명 이외에 보충 설명하여 고급 기능 및 유사 기능을 학습할 수 있도록 구성하였습니다.

4 | [혼자 풀어 보세요]는 한 강을 학습한 후 혼자 예제를 풀어보면서 학습 내용을 얼마나 이해했는지 알아볼 수 있도록 2문제에서 4문제로 구성하였습니다.

5 | [힌트]를 통해 좀 더 쉽게 예문을 풀 수 있도록 구성하였습니다.

6 | [혼자 풀어 보세요]의 예문에 대한 자세한 설명은 홈페이지를 통해서 한글파일로 제공 합니다.

이 교재를 사용하는 독자분들이 컴퓨터를 쉽게 접하고 배워 컴퓨터와 친구가 되고 컴퓨터가 생활의 일부가 되어 더 높은 컴퓨터 기술을 습득할 수 있는 발판이 되었으면 합니다.

편집진 일동

01 HTML 문단 분리하기

HTML에서는 Enter 를 눌러 줄을 바꾸어도 웹 브라우저에서는 줄 바꿈을 표현하지 못합니다. 문단과 줄을 분리하는 태그에 대해서 공부해 봅니다.

➡➡ 문단을 분리하는 태그를 알아봅니다.
➡➡ 줄을 분리하는 태그를 알아봅니다.

배울 내용 미리보기 ➕

❶

14

01 글자 크기 키우기 **❷**

❶ 다음과 같이 문서와 태그를 입력하고, 'font_size.html'로 저장합니다.

```html
<html>
<head>
    <title>글자의 크기를 키워봅시다</title>
</head>
<body>

<p>
    <font size="1">나는 글자크기 1</font><br>
    <font size="2">나는 글자크기 2</font><br>
    <font size="3">나는 글자크기 3</font><br>
    <font size="4">나는 글자크기 4</font><br>
    <font size="5">나는 글자크기 5</font><br>
    <font size="+3">나는 글자크기 6</font><br>
    <font size="7">나는 글자크기 7</font><br>
</p>

<p>
    <span style="font-size:11px;">나는 글자크기 11px</span><br>
    <span style="font-size:50px;">나는 글자크기 50px</span><br>
</p>

</body>
</html>
```

❷ 'font_size.html'을 웹브라우저에서 열기합니다.

참고 하세요! **❸**

<font> 태그의 글자 크기는 1부터 7까지이며, 숫자가 클수록 글자의 크기가 큽니다. 기본적으로 표시되는 크기는 3이며 '+'와 '-'를 이용해서 글자 크기를 표시할 수 있습니다.
<FONT size 6> 또는 <FONT size '3'>

21

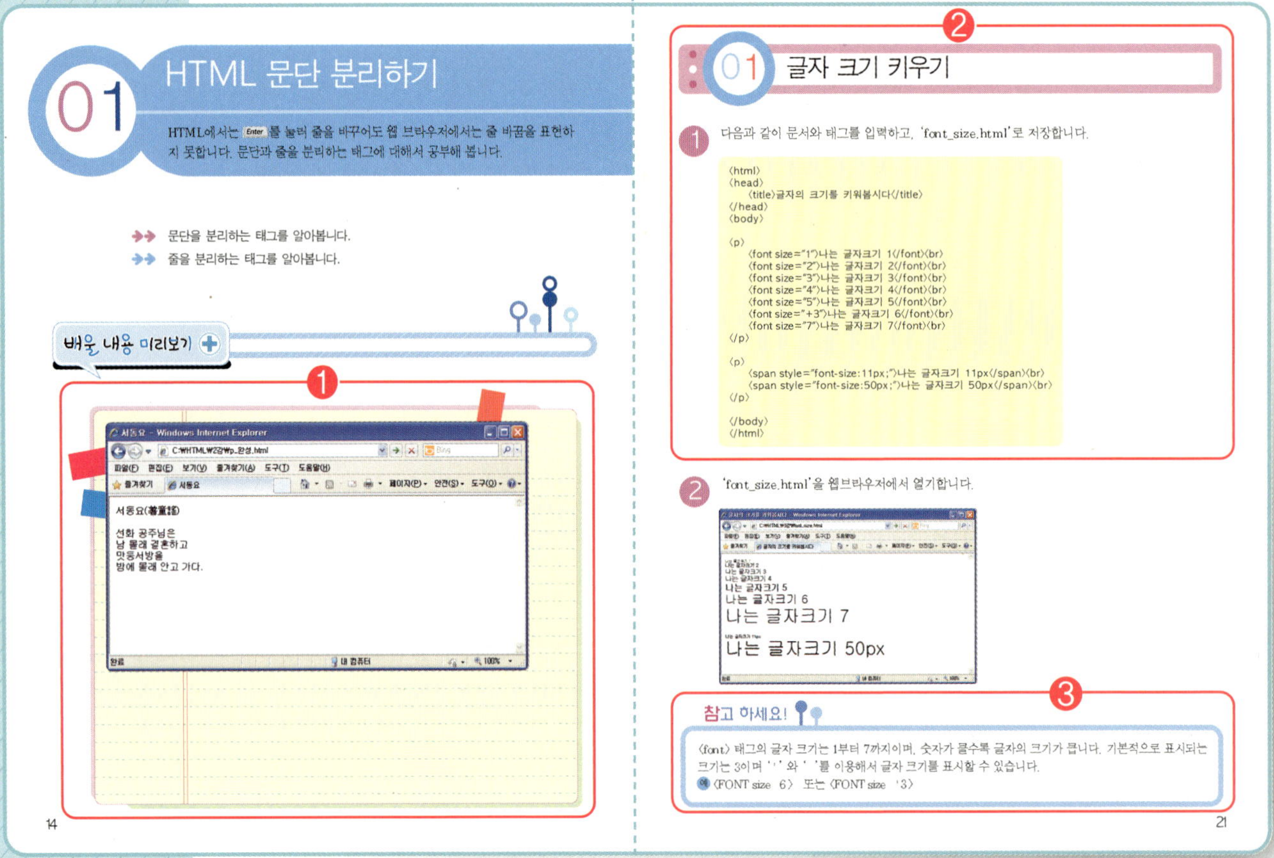

🌱 ❶ 배울 내용 미리보기

[배울 내용 미리보기]를 통해 학습할 내용이 무엇인지 이해시키고 학습동기를 유발하도록 구성하였습니다.

🌱 ❷ 본문

교재는 전체 24강으로 구성하고 한 강 안에 소제목을 두어 수업의 지루함을 없애고, 단계별로 수업 및 공부할 수 있도록 구성하였습니다.

🌱 ❸ 참고하세요

[참고하세요]를 이용하여 교재의 따라하기 설명 이외의 기능은 보충 설명하여 고급 기능 및 유사 기능을 학습할수 있도록 구성하였습니다.

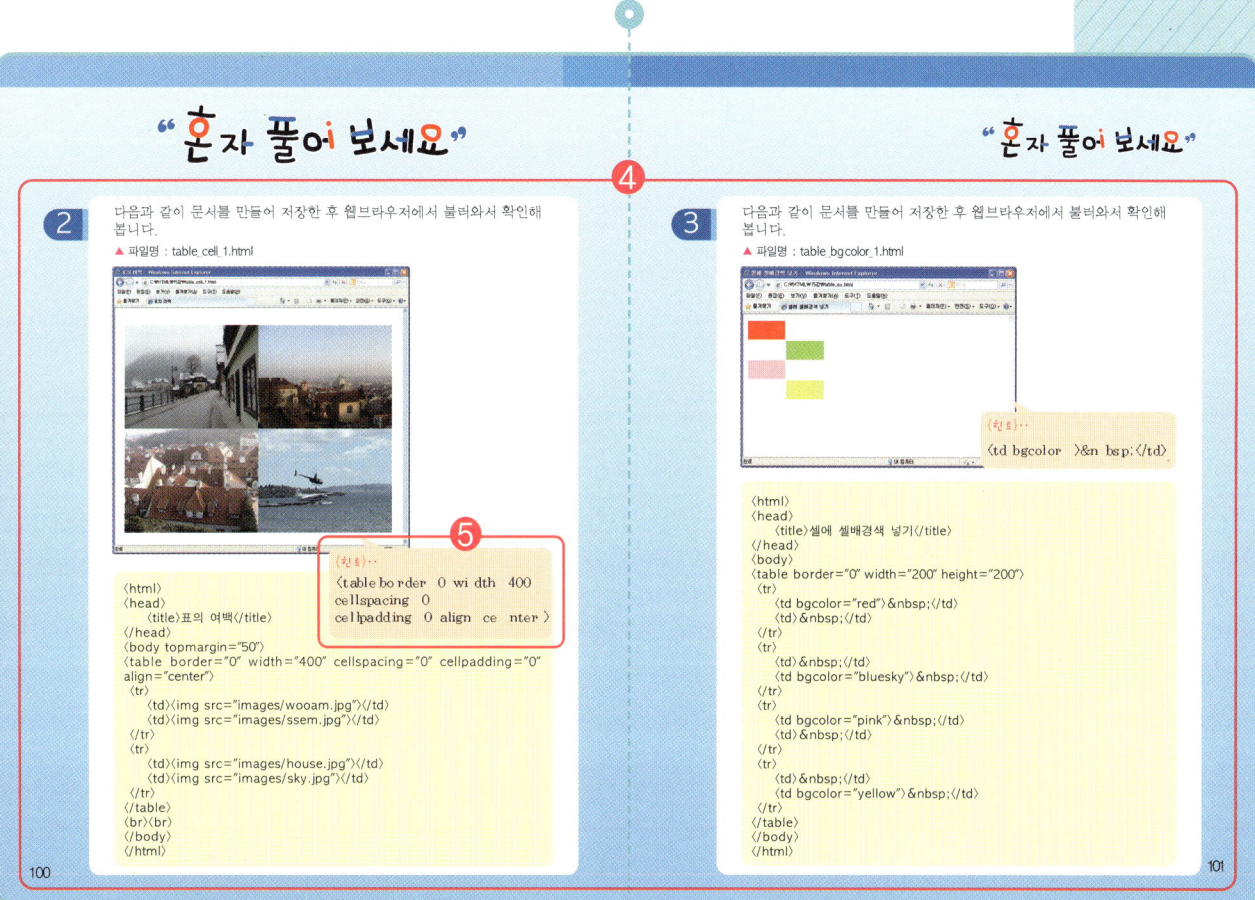

"혼자 풀어 보세요"

2 다음과 같이 문서를 만들어 저장한 후 웹브라우저에서 불러와서 확인해 봅니다.

▲ 파일명 : table_cell_1.html

```
<html>
<head>
    <title>표의 여백</title>
</head>
<body topmargin="50">
<table border="0" width="400" cellspacing="0" cellpadding="0"
align="center">
  <tr>
      <td><img src="images/wooam.jpg"></td>
      <td><img src="images/ssem.jpg"></td>
  </tr>
  <tr>
      <td><img src="images/house.jpg"></td>
      <td><img src="images/sky.jpg"></td>
  </tr>
</table>
<br><br>
</body>
</html>
```

5 〈힌트〉
〈table border 0 width 400 cellspacing 0 cellpadding 0 align center〉

"혼자 풀어 보세요"

3 다음과 같이 문서를 만들어 저장한 후 웹브라우저에서 불러와서 확인해 봅니다.

▲ 파일명 : table_bgcolor_1.html

〈힌트〉
〈td bgcolor 〉&n bsp;</td>

```
<html>
<head>
    <title>셀에 셀배경색 넣기</title>
</head>
<body>
<table border="0" width="200" height="200">
  <tr>
      <td bgcolor="red"> </td>
      <td> </td>
  </tr>
  <tr>
      <td> </td>
      <td bgcolor="bluesky"> </td>
  </tr>
  <tr>
      <td bgcolor="pink"> </td>
      <td> </td>
  </tr>
  <tr>
      <td> </td>
      <td bgcolor="yellow"> </td>
  </tr>
</table>
</body>
</html>
```

100 · · · · 101

❹ 혼자 풀어 보세요

[혼자 풀어 보세요]는 한 강을 학습한 후 혼자 예제를 풀어보면서 학습 내용을 얼마나

이해했는지 알아볼 수 있도록 2문제에서 4문제로 구성하였습니다.

❺ 힌트

[힌트]를 통해 좀 더 쉽게 예문을 풀 수 있도록 구성하였습니다.

예문

[혼자 풀어 보세요]의 예문은 홈페이지를 통해서 제공합니다.

➡ URL : http://www.kyohak.co.kr [컴퓨터/기술/수험서] 페이지 [자료실]에서
다운로드 하세요.

CONTENTS

CONTENTS

HTML 시작해 보기

HTML(HyperText Markup Language)은 인터넷에 사용되는 언어로 만든 문서를 말합니다. 홈페이지나 카페, 블로그를 가지고 계신 분들은 기본적인 HTML을 알아야 예쁘게 꾸밀 수가 있습니다.

➡➡ 메모장에서 HTML 문서를 저장해 봅니다.

➡➡ HTML 문서의 기본 구조를 알아봅니다.

➡➡ 웹브라우저에서 내가 만든 HTML 문서를 열어봅니다.

배울 내용 미리보기

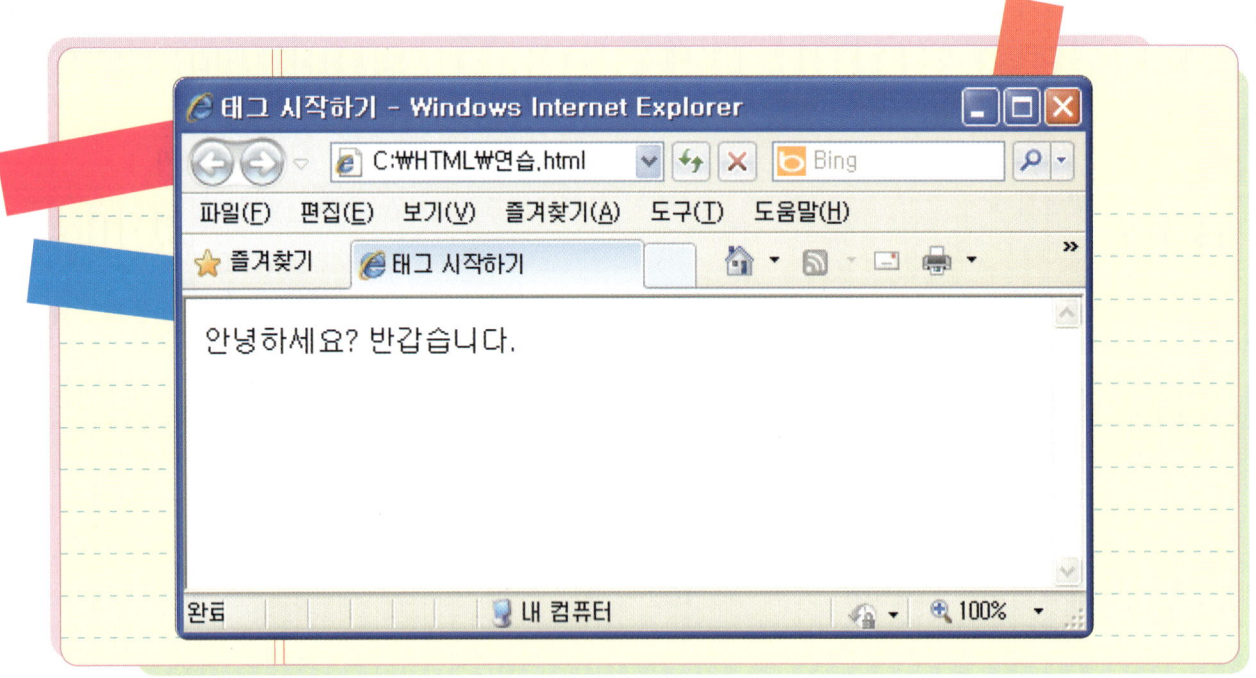

참고 하세요!

행정안전부는 2009년 5월 17일, 브라우저에 상관없이 모든 국민이 전자 정부 서비스를 자유롭게 이용하도록 하는 '전자 정부 웹표준 강화 종합 대책'을 발표했고, 2011년까지 약 150여개의 기존 전자 정부 사이트에 대해 브라우저 호환성 및 장애인 접근성이 확보되도록 개선을 실시합니다. 따라서 이 책에서는 국제 표준화 단체 W3C(World Wide Web Consortium)가 권고한 웹 표준안에 맞는 설명도 같이 제공합니다.

01 HTML 문서의 기본 구조 알기

HTML이란 HyperText Markup Language의 약자로 인터넷의 홈페이지를 작성할 때 사용하는 언어입니다.

➡ HTML의 구조

```
〈html〉
  〈head〉
    〈title〉문서의 제목〈/title〉
  〈/head〉
  〈body〉
    문서의 내용
  〈/body〉
〈/html〉
```

➡ 태그의 속성

• 태그 중에는 별도의 여러 개의 속성을 가지는 태그가 있습니다. 속성의 값을 입력할 때 따옴표(")를 사용합니다.

• 다음은 IMG 태그에서 사용되는 속성들의 예입니다.
  이미지의 경로를 src 속성으로 주고, 이미지에 대한 설명을 alt 속성으로 지정해 주었습니다.
  〈img src="주소" alt="설명"〉

• HTML 에서의 태그는 대·소문자를 구분하지 않지만, 공백이나 기호 같은 특수 문자를 나타낼 때는 반드시 소문자로 입력해야 합니다. W3C에서는 모든 요소와 속성명은 반드시 소문자로 사용할 것을 권고하고 있습니다.

• 공백()과 줄 바꿈(Enter)을 할 경우에도 공백이나 줄을 바꾸는 태그를 이용해야 합니다.

• 속성은 태그 뒤에 입력해야 하며 빈칸의 공백으로 구분합니다.

참고 하세요!

• 웹 표준 : 일반적인 html에서는 생략 가능
• W3C에서는 img 태그에 alt 속성을 이용해 이미지에 대한 설명을 지정해 주어 시각 장애인용 스크린 리더(화면 낭독기)에서 해당 이미지를 인식할 수 있도록 도와줄 것을 권고하고 있습니다. 이미지의 설명이 필요 없는 경우 alt="" 로만 놔두도록 합니다.
• W3C(World Wide Web Consortium) : 웹 국제 표준화 단체

02 메모장에서 HTML 익히기

1 [시작]–[모든프로그램]–[보조프로그램]–[메모장]을 순서대로 클릭합니다.

2 메모장 메뉴의 [서식] – [자동 줄 바꿈]에 체크를 하고 [글꼴]의 크기를 보기 쉬운 크기로 바꾸어 봅니다. 아래와 같이 글을 작성한 후 [파일]–[저장]을 클릭하고 파일 형식을 모든 파일로 바꾼 후 '연습.html'로 저장해 봅니다.

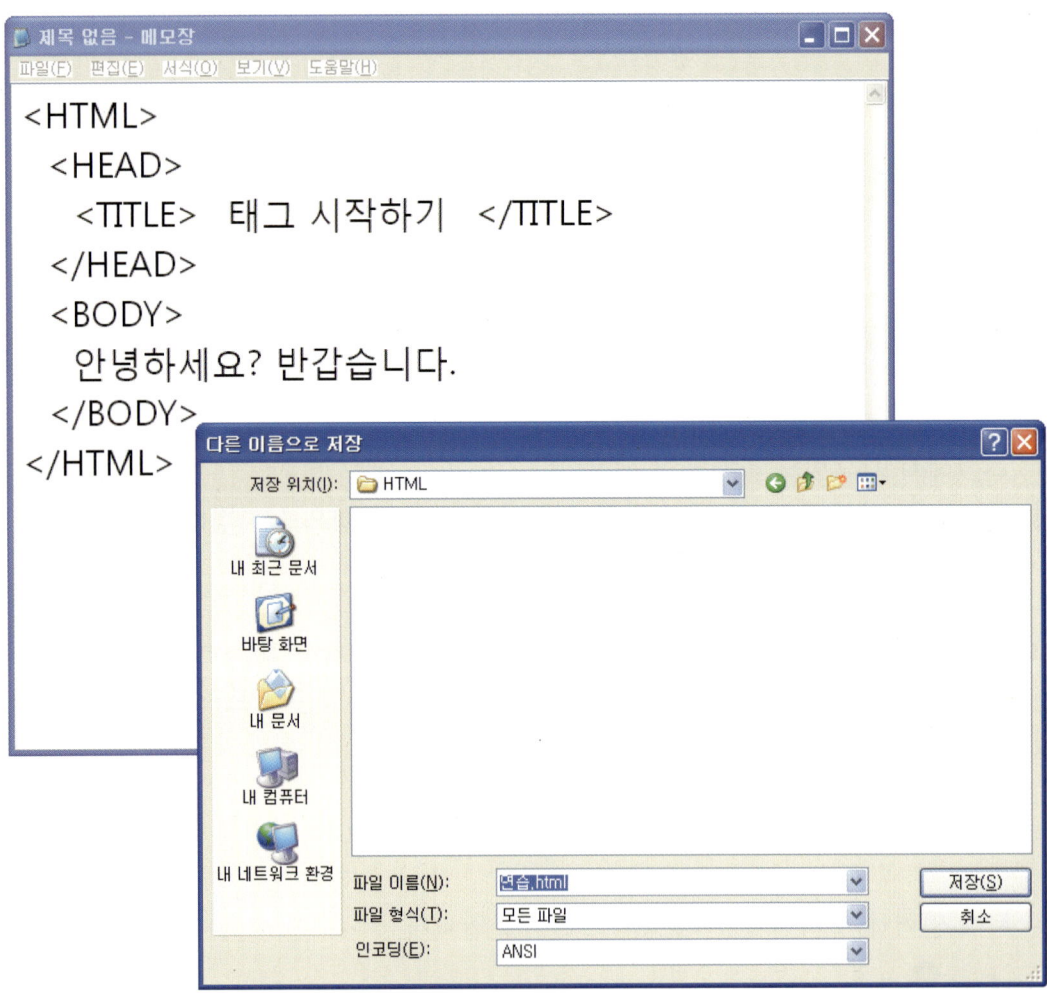

웹브라우저에서 내가 만든 HTML 문서 열기

1 인터넷 익스플로러에서 [파일]-[열기]-[찾아보기]를 클릭해서 문서를 선택하고 열기를 선택한 후 확인을 클릭합니다.

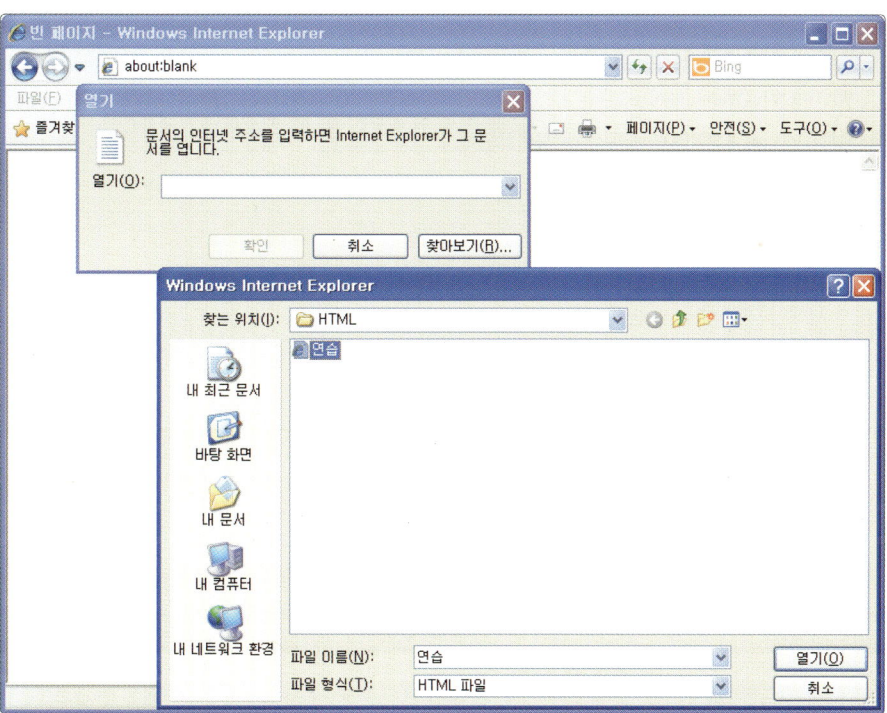

2 다음과 같이 완성되었습니다.

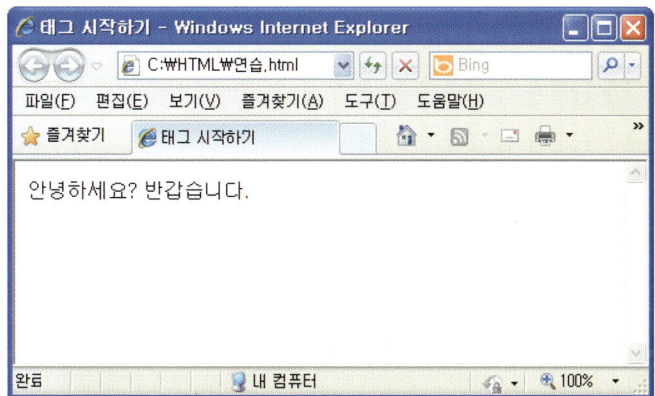

참고 하세요!

웹브라우저에서 오른쪽 마우스를 클릭한 후 소스 보기를 클릭합니다. 다시 작업 표시줄에서 오른쪽 마우스를 클릭하여 세로 바둑판식 창 배열을 선택하여 소스와 결과를 같이 볼 수 있습니다. 수정하면서 확인할 때 편리합니다.

"혼자 풀어 보세요"

1 다음과 같이 문서를 만들고 'time.html'로 저장해 봅니다.

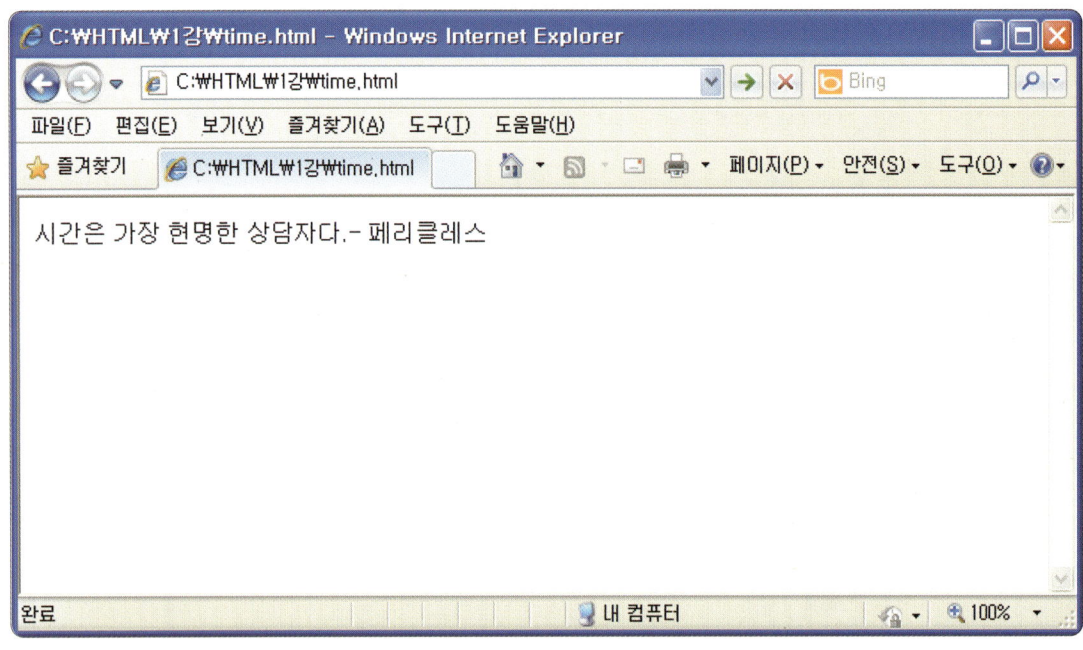

2 'time.html' 문서에 TITLE 태그로 제목을 만들어봅니다. 'time_1.html'로 저장합니다.

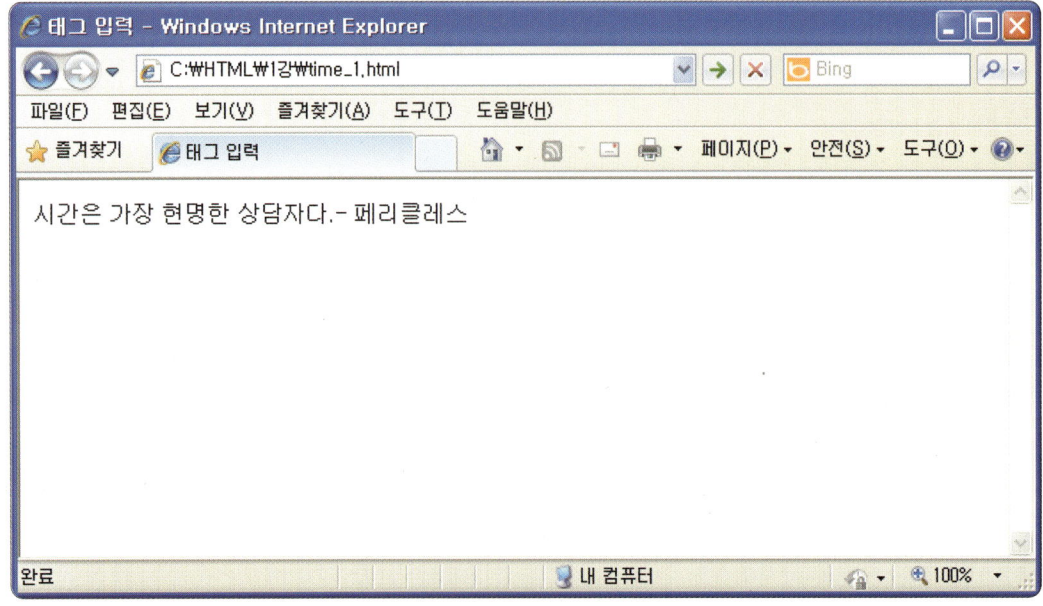

예제 파일 및 교재 본문 파일은 교학사 홈페이지 [컴퓨터/기술/수험서] 페이지 [자료실]에서 다운로드 하세요.

3 다음과 같이 문서를 만들고 'behavior.html' 로 저장해 봅니다.

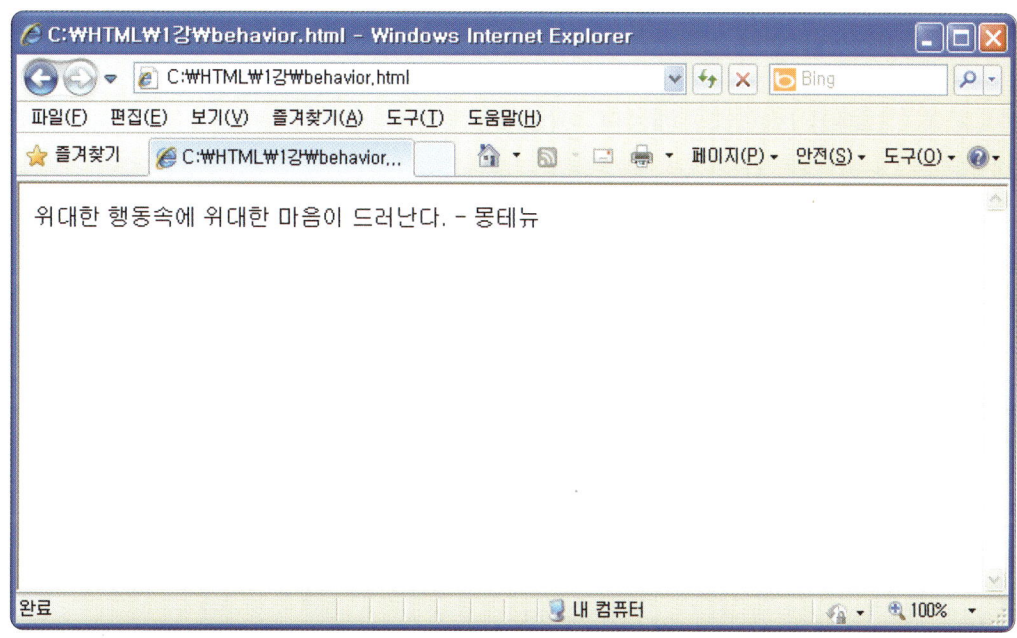

4 'behavior.html' 문서에 TITLE 태그로 제목을 만들어 봅니다. 'behavior_1.html' 로 저장합니다.

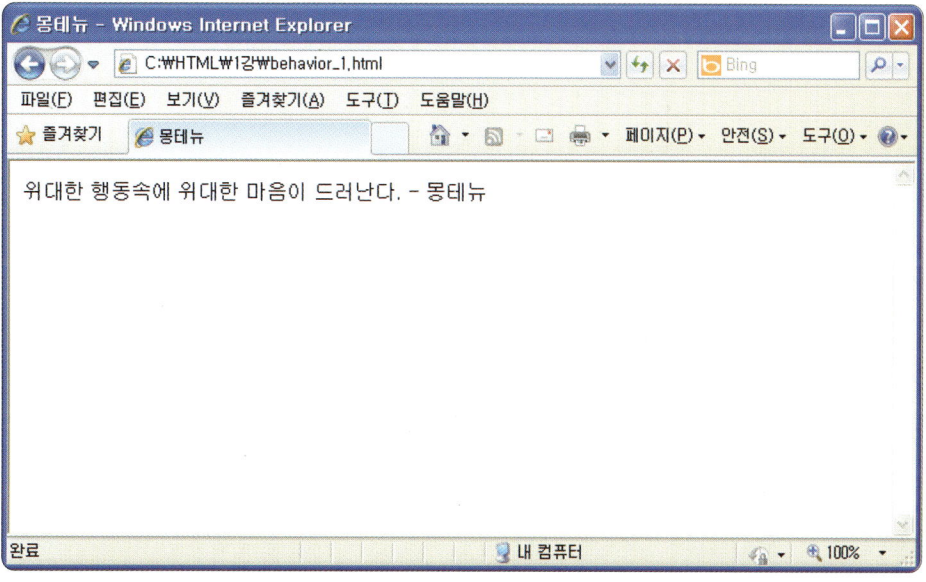

HTML 문단 분리하기

HTML에서는 를 눌러 줄을 바꾸어도 웹 브라우저에서는 줄 바꿈을 표현하지 못합니다. 문단과 줄을 분리하는 태그에 대해서 공부해 봅니다.

▶▶ 문단을 분리하는 태그를 알아봅니다.

▶▶ 줄을 분리하는 태그를 알아봅니다.

배울 내용 미리보기

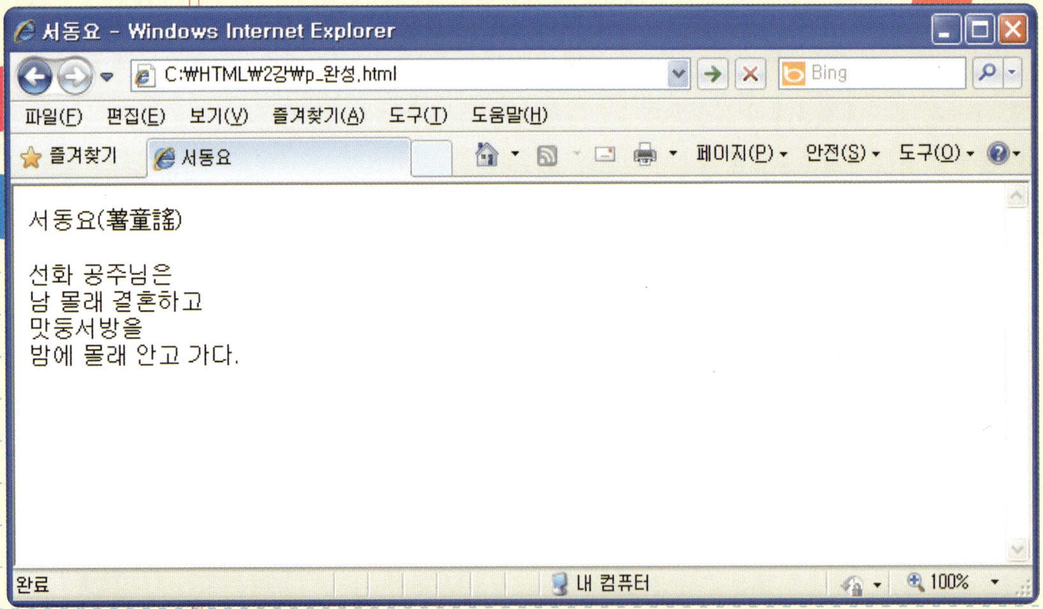

서동요 - Windows Internet Explorer

C:\HTML\2강\p_완성.html

파일(F) 편집(E) 보기(V) 즐겨찾기(A) 도구(T) 도움말(H)

☆ 즐겨찾기 서동요

페이지(P) ▾ 안전(S) ▾ 도구(O) ▾

서동요(薯童謠)

선화 공주님은
남 몰래 결혼하고
맛둥서방을
밤에 몰래 안고 가다.

완료   내 컴퓨터   100%

문단을 분리하는 태그 알기

1 메모장이나 에디터를 이용해서 다음과 같은 HTML과 텍스트를 입력한 후에 'p.html'이라는 이름으로 저장합니다.

```
〈html〉
〈head〉
    〈title〉서동요〈/title〉
〈/head〉
〈body〉
서동요(薯童謠)

선화 공주님은
남 몰래 결혼하고
맛둥 서방을
밤에 몰래 안고 가다.
〈/body〉
〈/html〉
```

2 윈도우 탐색기에서 'p.html'을 열기하여 웹브라우저에서 확인해 보면 입력한대로 줄이 변경되지 않고 한 줄로 표시됩니다.

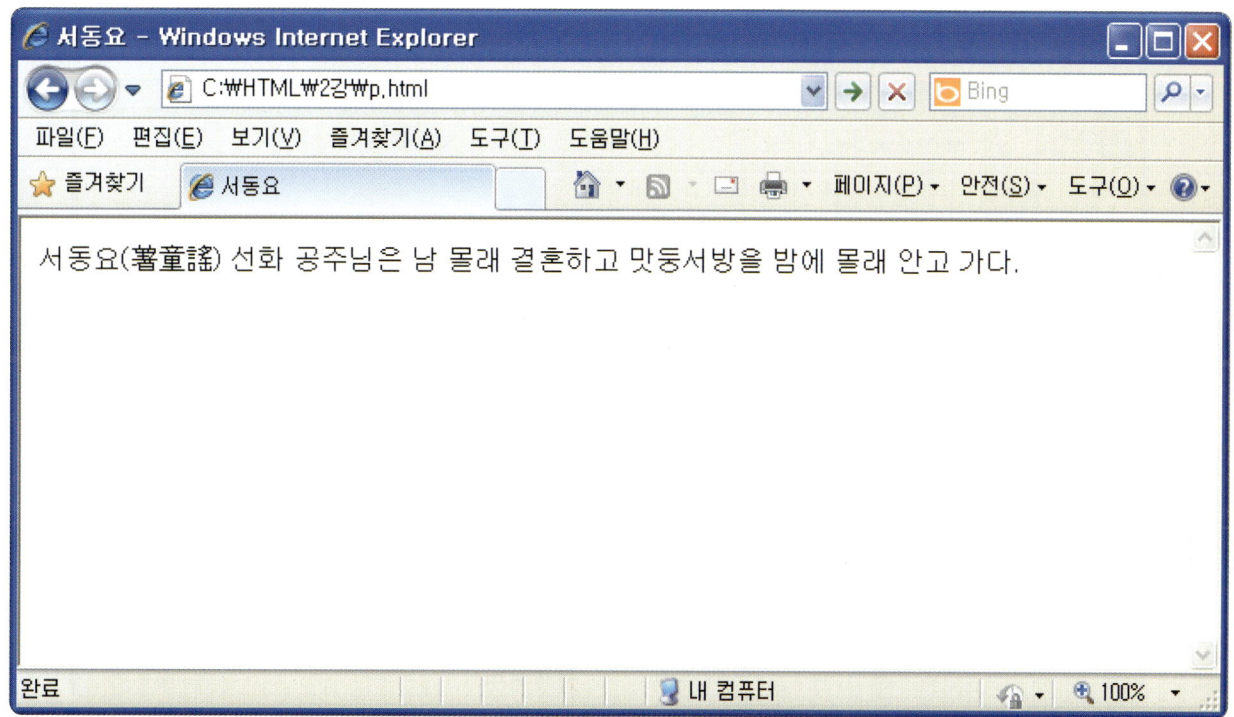

15

3 웹브라우저에서 오른쪽 마우스를 클릭한 후 소스 보기로 'p.html'을 다음과 같이 수정하고 'p_1.html'로 저장합니다.

```
〈html〉
〈head〉
    〈title〉서동요〈/title〉
〈/head〉
〈body〉
〈p〉서동요(薯童謠)〈/p〉
〈p〉
선화 공주님은
남 몰래 결혼하고
맛둥서방을
밤에 몰래 안고 가다.
〈/p〉
〈/body〉
〈/html〉
```

참고 하세요!

p 태그는 'pararaph'의 단락, 절의 의미이며, 문단을 변경하는 태그이며, 줄이 바뀌면서 아래에 한 줄의 공백이 같이 생깁니다.

4 웹브라우저에서 F5 또는 [새로 고침] 단추를 클릭하면 〈p〉〈/p〉 태그가 적용된 것을 확인할 수 있습니다.

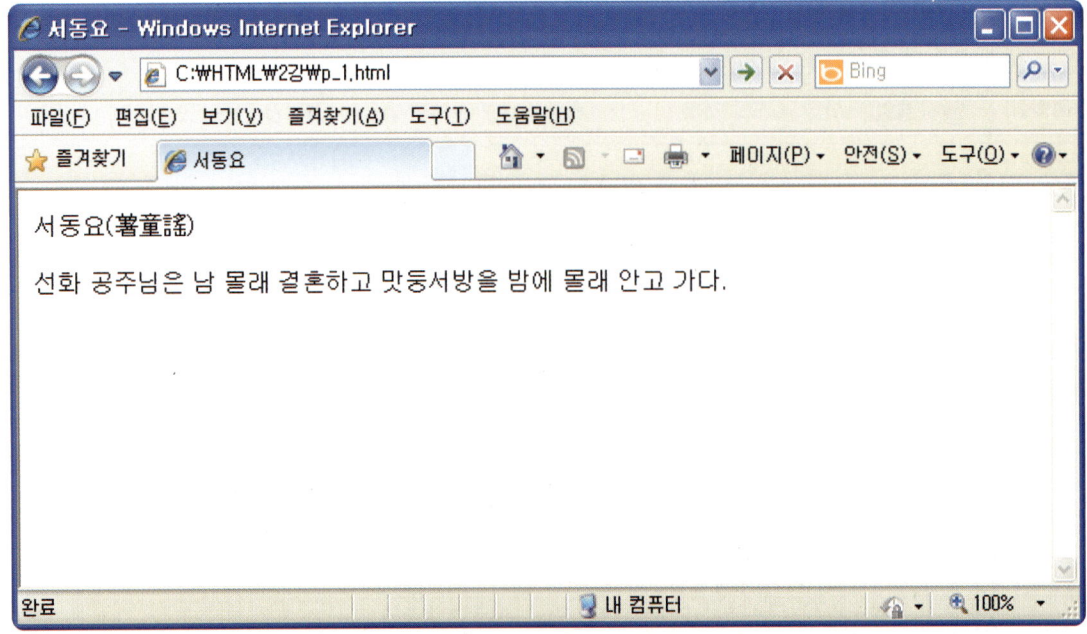

줄을 분리하는 태그 알기

1 'p.html'을 열기 한 후에 다음과 같이 〈br〉 태그를 입력합니다.

```
〈html〉
〈head〉
    〈title〉서동요〈/title〉
〈/head〉
〈body〉
〈p〉서동요(薯童謠)〈/p〉
〈p〉
선화 공주님은〈br〉
남 몰래 결혼하고〈br〉
맛둥서방을〈br〉
밤에 몰래 안고 가다.〈br〉
〈/p〉
〈/body〉
〈/html〉
```

2 웹브라우저에서 F5 또는 [새로 고침] 단추를 클릭하면 〈br〉 태그가 적용된 것을 확인할 수 있습니다.

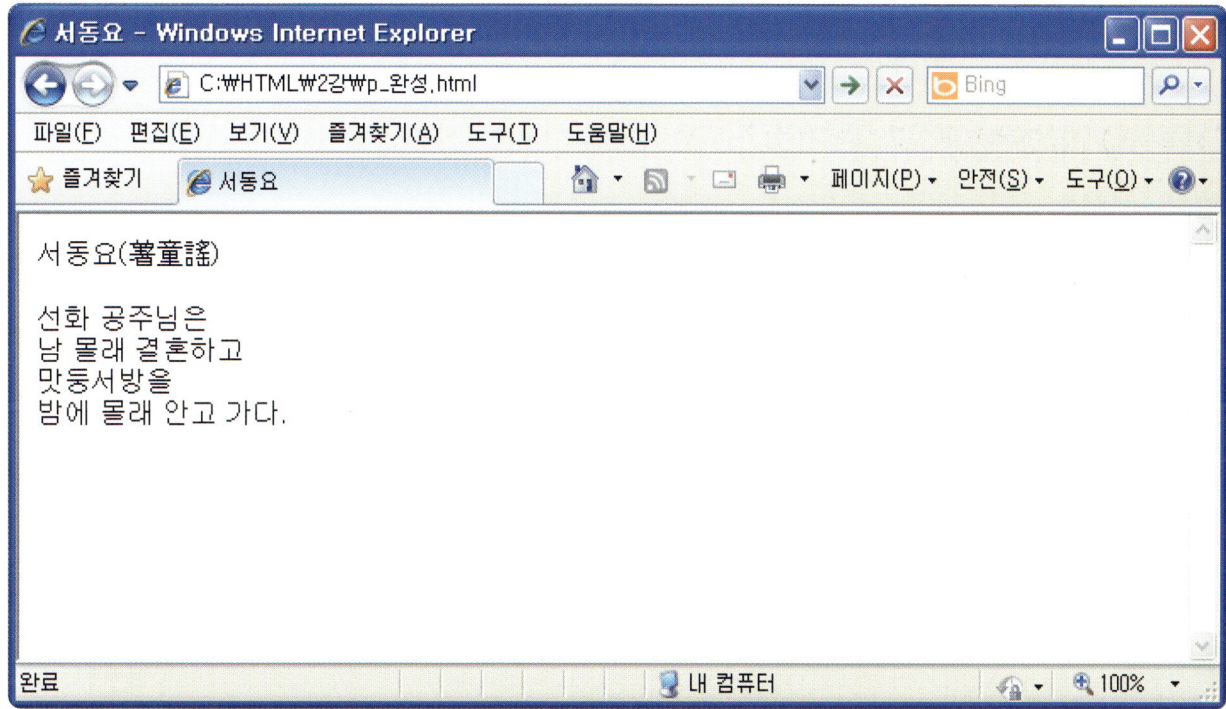

17

"혼자 풀어 보세요"

1 다음과 같이 문서를 만들어 저장한 후 웹브라우저에서 불러와서 확인해 봅니다.

▲ 파일명 : jamoja.html

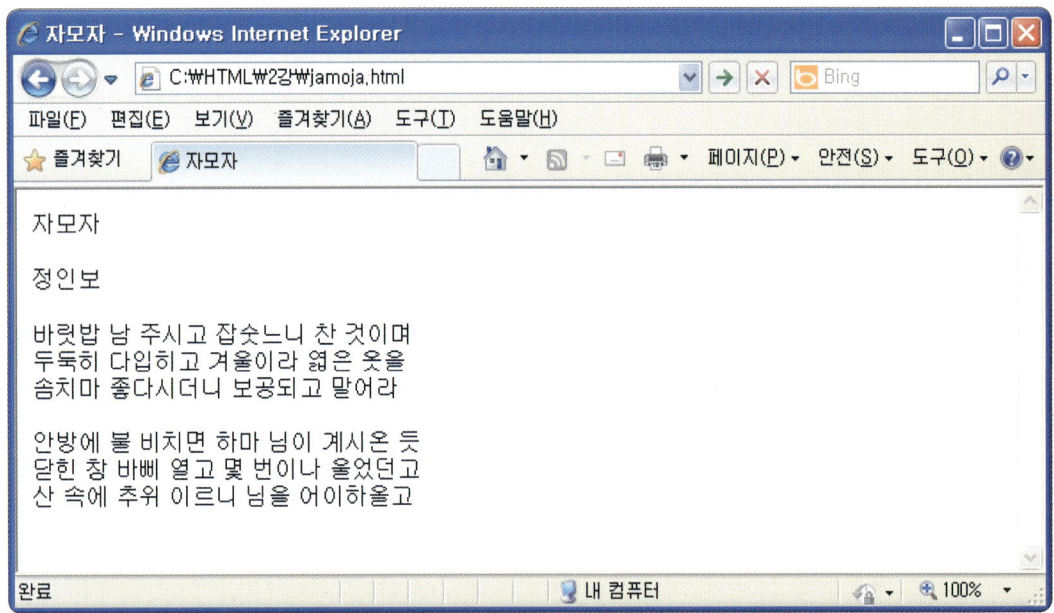

```
<html>
<head>
    <title>자모자</title>
</head>
<body>
<p>자모자</p>
<p>정인보</p>
<p>
바릿밥 남 주시고 잡숫느니 찬 것이며<br>
두둑히 다입히고 겨울이라 엷은 옷을<br>
솜치마 좋다시더니 보공되고 말어라<br>
<br>
안방에 불 비치면 하마 님이 계시온 듯<br>
닫힌 창 바삐 열고 몇 번이나 울었던고<br>
산 속에 추위 이르니 님을 어이하올고<br>
</p>
</body>
</html>
```

"혼자 풀어 보세요"

2 다음과 같이 문서를 만들어 저장한 후 웹브라우저에서 불러와서 확인해 봅니다.

▲ 파일명 : nosebay.html

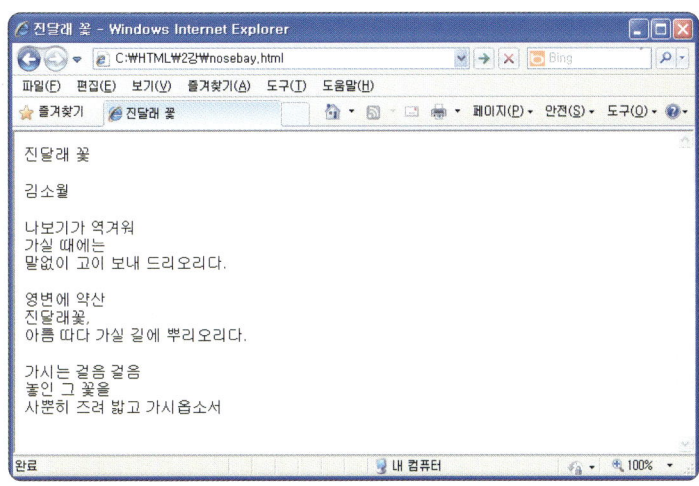

```
<html>
<head>
    <title>진달래 꽃</title>
</head>
<body>
<p>진달래 꽃</p>

<p>김소월</p>

<p>
나보기가 역겨워<br>
가실 때에는<br>
말없이 고이 보내 드리오리다.<br>
</p>
<p>
영변에 약산<br>
진달래꽃,<br>
아름 따다 가실 길에 뿌리오리다.<br>
</p>
<p>
가시는 걸음 걸음<br>
놓인 그 꽃을<br>
사뿐히 즈려 밟고 가시옵소서<br>
</p>
</body>
</html>
```

다양한 글자 형태로 꾸미기

정확한 정보 전달과 HTML 문서의 디자인을 다양하게 꾸밀 수 있는 방법으로 글자의 크기와 색과 글꼴을 변경해서 글자를 화려하게 꾸며봅니다.

➡➡ 글자의 크기를 변경해 봅니다.

➡➡ 글자의 색과 글꼴을 바꿔봅니다.

➡➡ 특수 문자를 입력해 봅니다.

배울 내용 미리보기 ➕

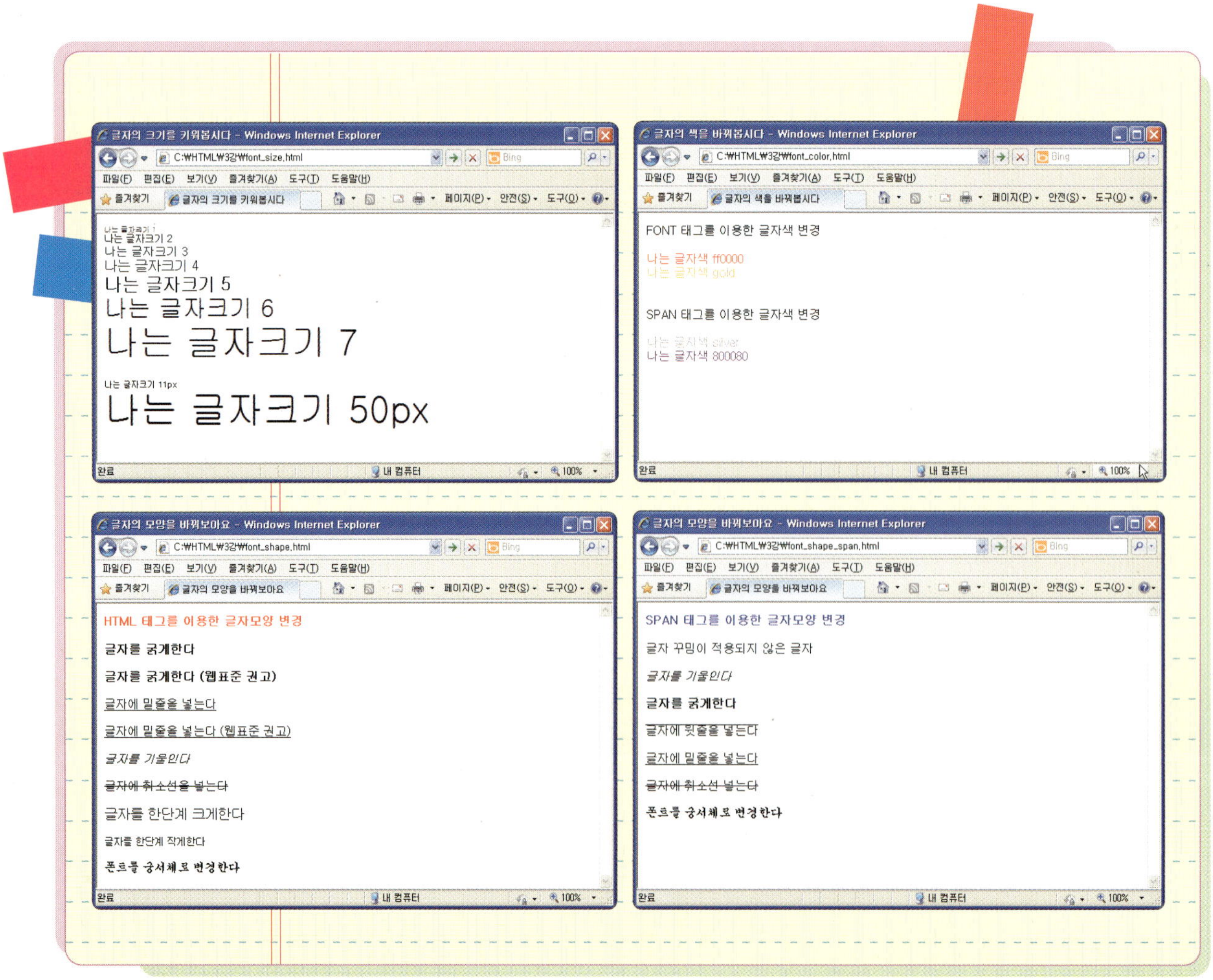

1 다음과 같이 문서와 태그를 입력하고, 'font_size.html' 로 저장합니다.

```
〈html〉
〈head〉
    〈title〉글자의 크기를 키워봅시다〈/title〉
〈/head〉
〈body〉

〈p〉
    〈font size="1"〉나는 글자크기 1〈/font〉〈br〉
    〈font size="2"〉나는 글자크기 2〈/font〉〈br〉
    〈font size="3"〉나는 글자크기 3〈/font〉〈br〉
    〈font size="4"〉나는 글자크기 4〈/font〉〈br〉
    〈font size="5"〉나는 글자크기 5〈/font〉〈br〉
    〈font size="+3"〉나는 글자크기 6〈/font〉〈br〉
    〈font size="7"〉나는 글자크기 7〈/font〉〈br〉
〈/p〉

〈p〉
    〈span style="font-size:11px;"〉나는 글자크기 11px〈/span〉〈br〉
    〈span style="font-size:50px;"〉나는 글자크기 50px〈/span〉〈br〉
〈/p〉

〈/body〉
〈/html〉
```

2 'font_size.html' 을 웹브라우저에서 열기합니다.

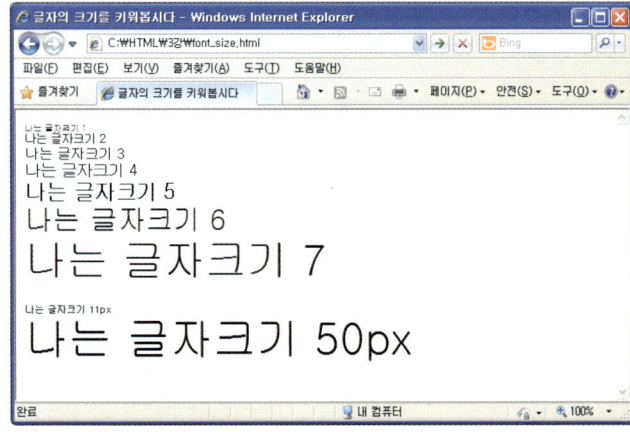

 참고 하세요!

〈font〉 태그의 글자 크기는 1부터 7까지이며, 숫자가 클수록 글자의 크기가 큽니다. 기본적으로 표시되는 크기는 3이며 '+' 와 '-'를 이용해서 글자 크기를 표시할 수 있습니다.
예 〈FONT size="6"〉 또는 〈FONT size="+3"〉

1 다음과 같이 문서와 태그를 입력하고, 'font_color.html'로 저장합니다.

```
<html>
<head>
    <title>글자의 색을 바꿔봅시다</title>
</head>
<body>

FONT 태그를 이용한 글자색 변경
<p>
    <font color="ff0000">나는 글자색 ff0000</font><br>
    <font color="gold">나는 글자색 gold</font><br>
</p>
<br>

SPAN 태그를 이용한 글자색 변경
<p>
    <span style="color:silver;">나는 글자색 silver</span><br>
    <span style="color:800080;">나는 글자색 800080</span><br>
</p>

</body>
</html>
```

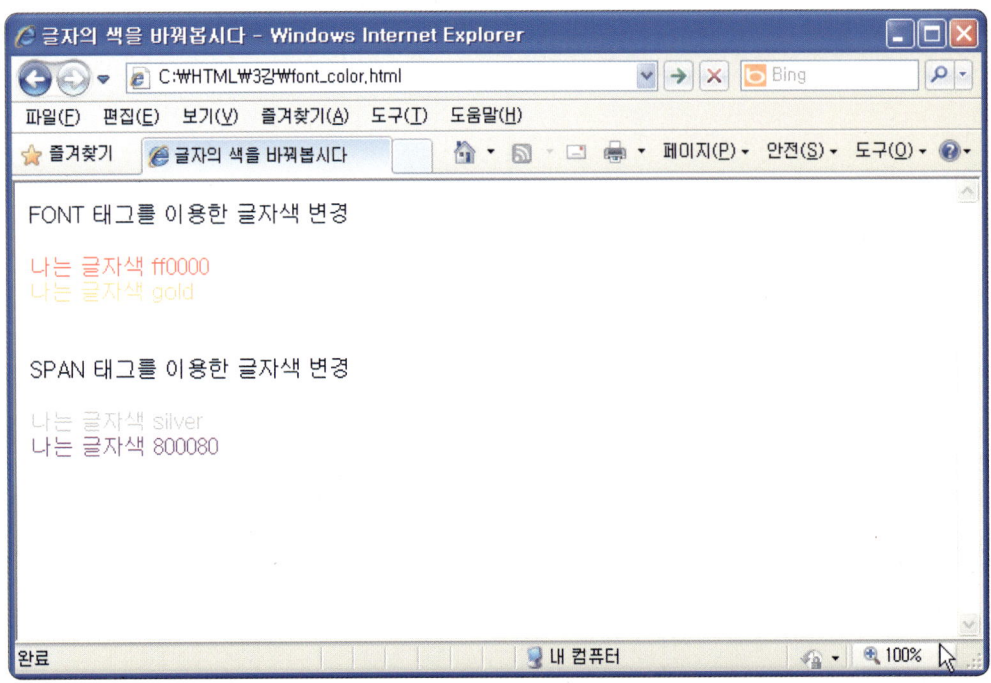

03 글자 모양 바꾸기

1 다음과 같이 문서와 태그를 입력하고, 'font_shape.html'로 저장합니다.

```html
<html>
<head>
    <title>글자의 모양을 바꿔보아요</title>
</head>
<body>

<span style="color:red;"><strong>HTML 태그를 이용한 글자모양 변경</strong></span>

<p>
    <b>글자를 굵게한다</b><br><br>
    <strong>글자를 굵게한다 (웹표준 권고)</strong><br><br>
    <u>글자에 밑줄을 넣는다</u><br><br>
    <ins>글자에 밑줄을 넣는다 (웹표준 권고)</ins><br><br>
    <i>글자를 기울인다</i><br><br>
    <strike>글자에 취소선을 넣는다</strike><br><br>
    <big>글자를 한단계 크게한다</big><br><br>
    <small>글자를 한단계 작게한다</small><br><br>
    <font face="궁서">폰트를 궁서체로 변경한다</font>
</p>

</body>
</html>
```

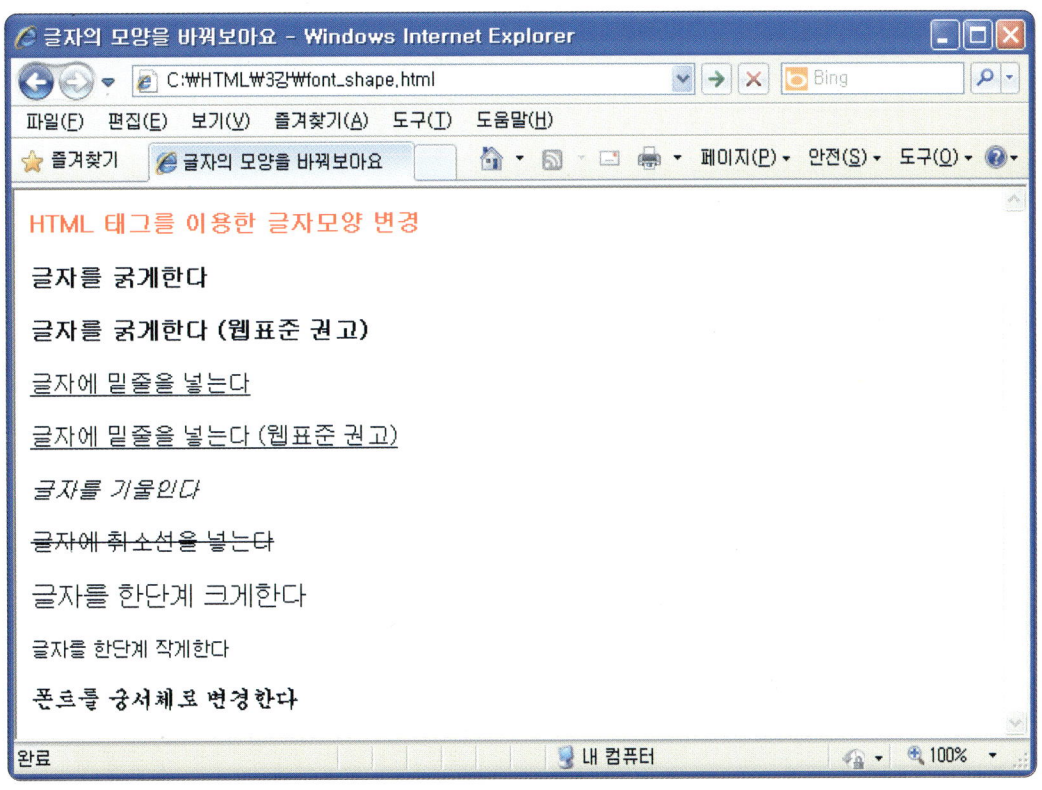

2 다음과 같이 문서와 태그를 입력하고, 'font_shape_span.html' 로 저장합니다.

```
<html>
<head>
    <title>글자의 모양을 바꿔보아요</title>
</head>
<body>

<span style="color:blue;"><strong>SPAN 태그를 이용한 글자모양 변경</strong></span>
<p>
       <span style="text-decoration: none;">글자 꾸밈이 적용되지 않은 글자
</span><br><br>
    <span style="font-style: italic;">글자를 기울인다</span><br><br>
    <span style="font-weight: bold;">글자를 굵게한다</span><br><br>
    <span style="text-decoration: overline;">글자에 윗줄을 넣는다</span><br><br>
    <span style="text-decoration: underline;">글자에 밑줄을 넣는다</span><br><br>
    <span style="text-decoration: line-through;">글자에 취소선 넣는다</span><br><br>
    <span style="font-family:궁서;">폰트를 궁서체로 변경한다</span>
</p>

</body>
</html>
```

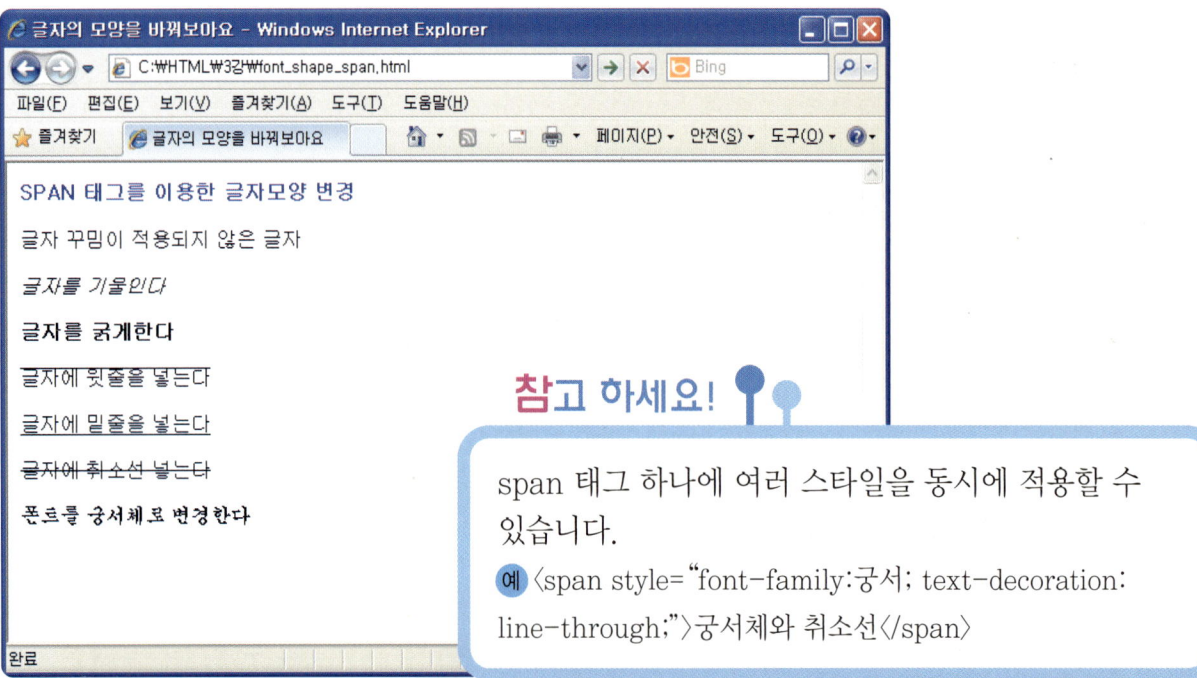

참고 하세요!

span 태그 하나에 여러 스타일을 동시에 적용할 수 있습니다.

예 궁서체와 취소선

참고 하세요!

W3C 웹표준에 따른 HTML 표기 규칙에서는 <font face="모양"> 태그를 사용하지 않을 것, 그리고 의미를 포함하여 스타일을 적용할 때는 b 태그 대신 strong 태그 , u 태그 대신 ins 태그를 권고하고 있습니다.

04 특수 문자 넣기

1 다음과 같이 문서와 태그를 입력하고, 'font_special.html' 로 저장합니다.

```
<html>
<head>
    <meta http-equiv="Content-Type" content="text/html; charset=euc-kr">
    <title>글자의 모양을 바꿔보아요</title>
</head>
<body>

html에서 줄바꿈을 하는 태그는 &lt;br&gt; 입니다.
<br><br>
html에서 띄어쓰기를 하는 태그는   입니다.
<br><br>

나폴레옹이 말했다 "나의 사전에는 불가능이란 단어가 없다." <br><br>

Copyright © ssemssem.com <br><br>

</body>
</html>
```

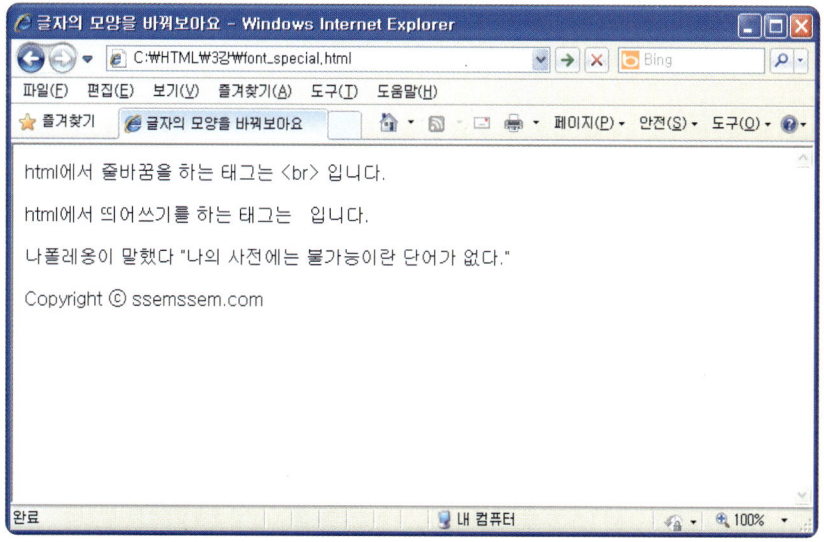

참고 하세요!

기타 특수 문자

코드	코드	코드	코드
&	&	<	⟨
"	"	>	⟩
	공백(SpaceBar)	©	©

HTML에서는 공백을 출력하기 위해서는 를 이용해야 합니다. 코드 입력 할 때 공백을 여러번 입력해도 출력되는 결과물에는 스페이스 한번으로 출력됩니다.

"혼자 풀어 보세요"

1 다음과 같이 문서를 만들어 저장한 후 웹브라우저에서 불러와서 확인해 봅니다.

▲ 파일명 : special_char.html

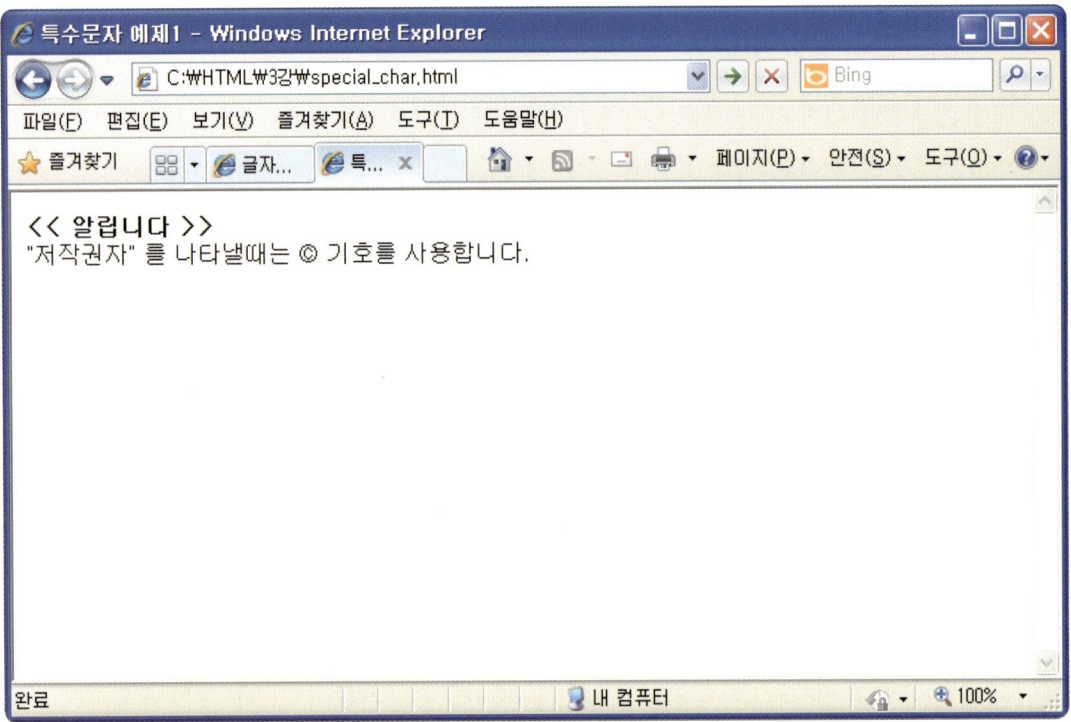

```
<html>
<head>
    <title>특수문자 예제1</title>
</head>
<body>
<strong>&lt;&lt; 알립니다 &gt;&gt;</strong><br>
&quot;저작권자&quot; 를 나타낼때는 &copy; 기호를 사용합니다.

</body>
</html>
```

2 다음과 같이 문서를 만들어 저장한 후 웹브라우저에서 불러와서 확인해 봅니다.

▲ 파일명 : bear.html

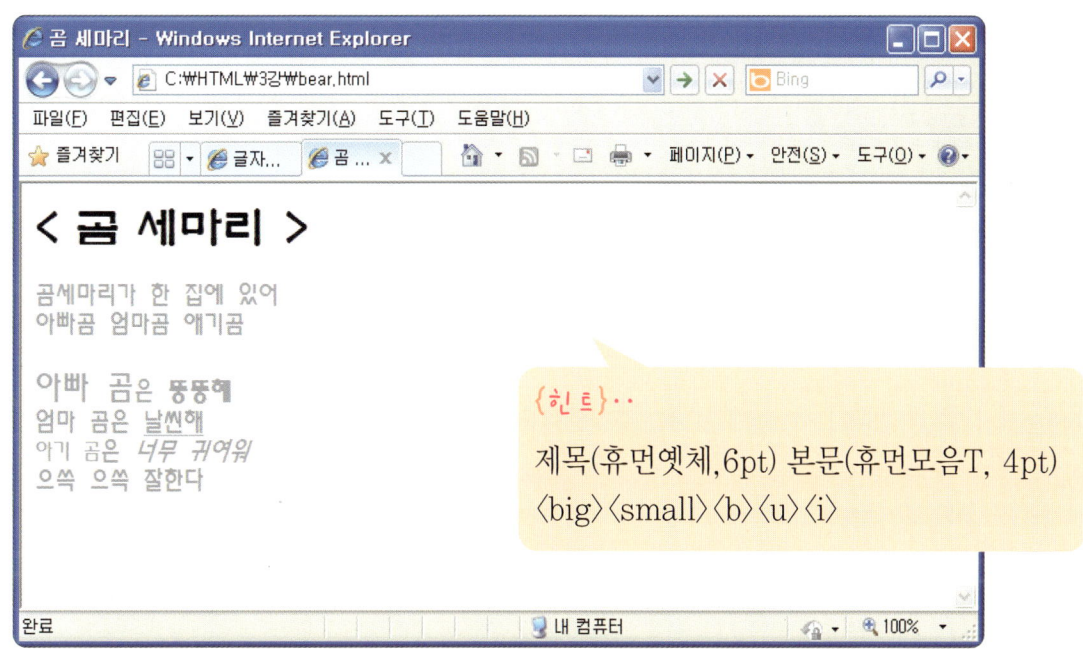

〈힌트〉··

제목(휴먼옛체,6pt) 본문(휴먼모음T, 4pt)
〈big〉〈small〉〈b〉〈u〉〈i〉

```
<html>
<head><title>곰 세마리</title>
</head>
<body>
<p>
<font size="6" face="휴먼옛체">&lt; 곰 세마리 &gt;</font>
</p>
<p>
<font size="4" face="휴먼모음T" color="#999999">
곰세마리가 한 집에 있어 <br>
아빠곰 엄마곰 애기곰<br><br>
<big>아빠 곰</big>은 <b>뚱뚱해</b><br>
엄마 곰은 <u>날씬해</u><br>
<small>아기 곰</small>은 <i>너무 귀여워</i><br>
으쓱 으쓱 잘한다<br>
</font>
</p>
</body>
</html>
```

"혼자 풀어 보세요"

3 다음과 같이 문서를 만들어 저장한 후 웹브라우저에서 불러와서 확인해 봅니다.

▲ 파일명 : home.html

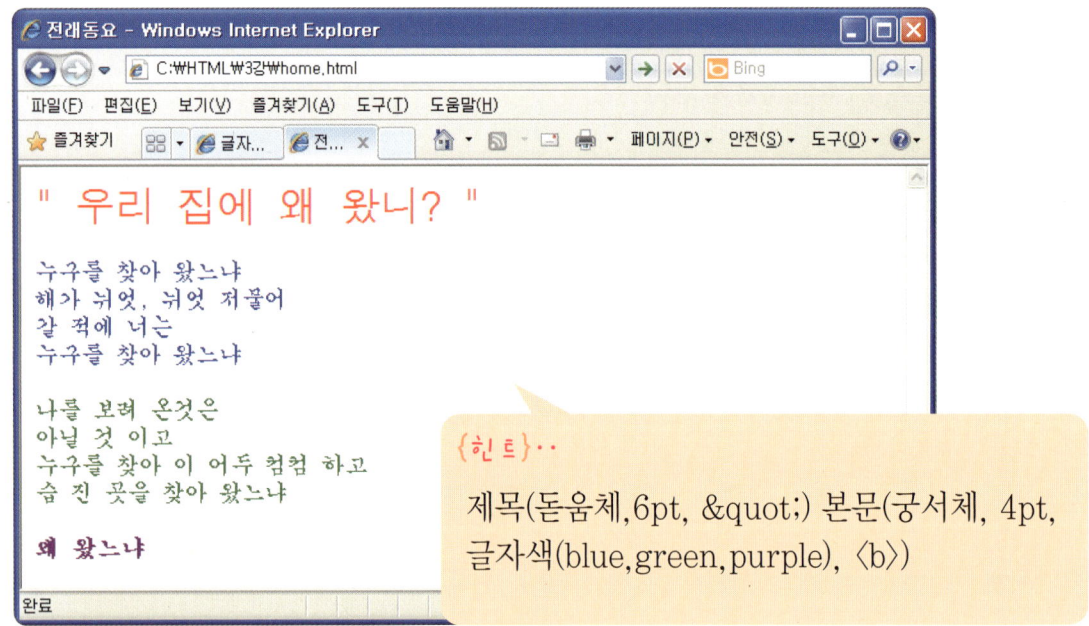

〈힌트〉··

제목(돋움체,6pt, ") 본문(궁서체, 4pt, 글자색(blue,green,purple), 〈b〉)

```
〈html〉
〈head〉〈title〉전래동요〈/title〉
〈/head〉
〈body〉
〈p〉
〈font size="6" face="돋움체" color="red"〉&quot; 우리 집에 왜 왔니?

&quot;〈/font〉
〈/p〉
〈p〉
〈font size="4" face="궁서체" color="#999999"〉
〈font color="blue"〉
누구를 찾아 왔느냐 〈br〉
해가 뉘엇, 뉘엇 저물어 〈br〉
갈 적에 너는 〈br〉
누구를 찾아 왔느냐 〈br〉
 〈br〉
〈/font〉
〈font color="green"〉
나를 보려 온것은 〈br〉
아닐 것 이고 〈br〉
누구를 찾아 이 어두 컴컴 하고  〈br〉
습 진 곳을 찾아 왔느냐 〈br〉
 〈br〉
〈/font〉
〈font color="purple"〉
〈b〉왜 왔느냐〈/b〉 〈br〉
〈/font〉
〈/font〉
〈/p〉
〈/body〉
〈/html〉
```

4 다음과 같이 문서를 만들어 저장한 후 웹브라우저에서 불러와서 확인해 봅니다.

▲ 파일명 : space.html

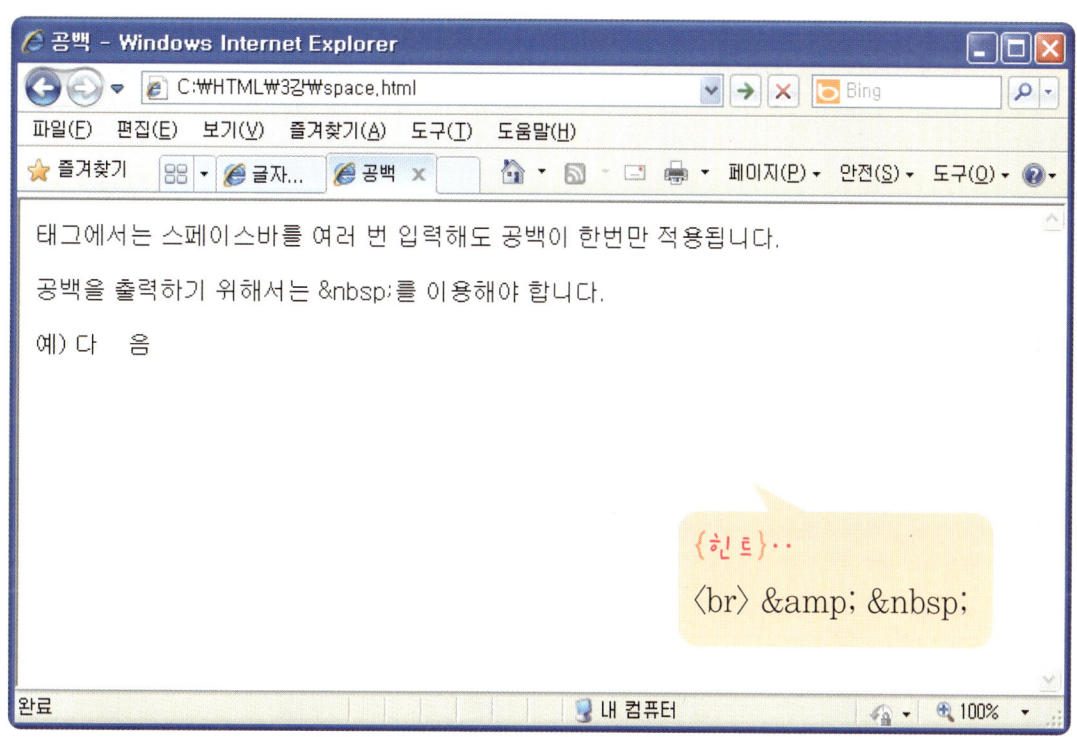

```
<html>
<head><title>공백</title>
</head>
<body>
태그에서는 스페이스바를 여러 번 입력해도 공백이 한번만 적용됩니다.
<br><br>

공백을 출력하기 위해서는  를 이용해야 합니다.
<br><br>

예) 다    음
</body>
</html>
```

글자 정렬하기

04

문서의 내용을 안정적으로 배치하기 위해 글자를 좌우 중앙으로 정렬해 봅니다.
문서를 입력하고 HTML코드에 내용과 똑같이 출력하는 pre 태그를 배워봅니다.

➡➡ 글자를 정렬해 봅니다.

➡➡ HTML코드에 내용과 똑같이 출력하는 태그를 배워봅니다.

배울 내용 미리보기 ➕

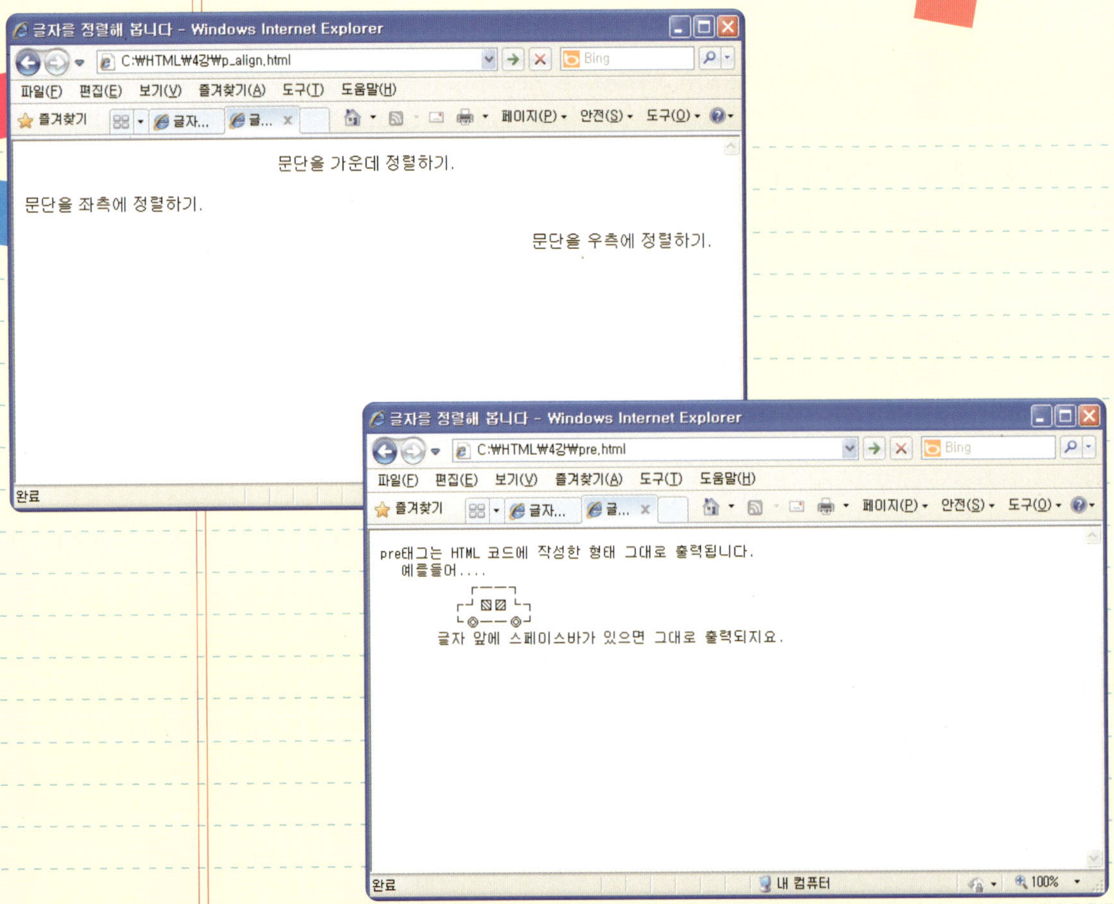

글자를 정렬해 봅니다 - Windows Internet Explorer

C:₩HTML₩4강₩p_align.html

파일(F) 편집(E) 보기(V) 즐겨찾기(A) 도구(T) 도움말(H)

즐겨찾기 | 글자... 글... | 페이지(P) · 안전(S) · 도구(O) · ❓

> 문단을 가운데 정렬하기.

문단을 좌측에 정렬하기.

> 문단을 우측에 정렬하기.

완료

글자를 정렬해 봅니다 - Windows Internet Explorer

C:₩HTML₩4강₩pre.html

파일(F) 편집(E) 보기(V) 즐겨찾기(A) 도구(T) 도움말(H)

즐겨찾기 | 글자... 글... | 페이지(P) · 안전(S) · 도구(O) · ❓

pre태그는 HTML 코드에 작성한 형태 그대로 출력됩니다.
　예를들어....

글자 앞에 스페이스바가 있으면 그대로 출력되지요.

완료　　　　　　　　　　　　　　　　　　내 컴퓨터　　　　　100%

글자 정렬하기

1 다음과 같이 문서와 태그를 입력하고, 'p_align.html'로 저장합니다.

```html
<html>
<head>
    <title>글자를 정렬해 봅니다</title>
</head>
<body>
<p align="center">
    문단을 가운데 정렬하기.
</p>
<p align="left">
    문단을 좌측에 정렬하기.
</p>
<p align="right">
    문단을 우측에 정렬하기.
</p>
</body>
</html>
```

참고 하세요!

<p> 태그는 단락, <div> 태그는 영역, 레이아웃의 개념입니다. <div> 태그의 스타일이 <div> 태그 안에 있는 <p> 태그에 상속되어질 수 있습니다.

2 'p_align.html'을 웹브라우저에서 열기합니다.

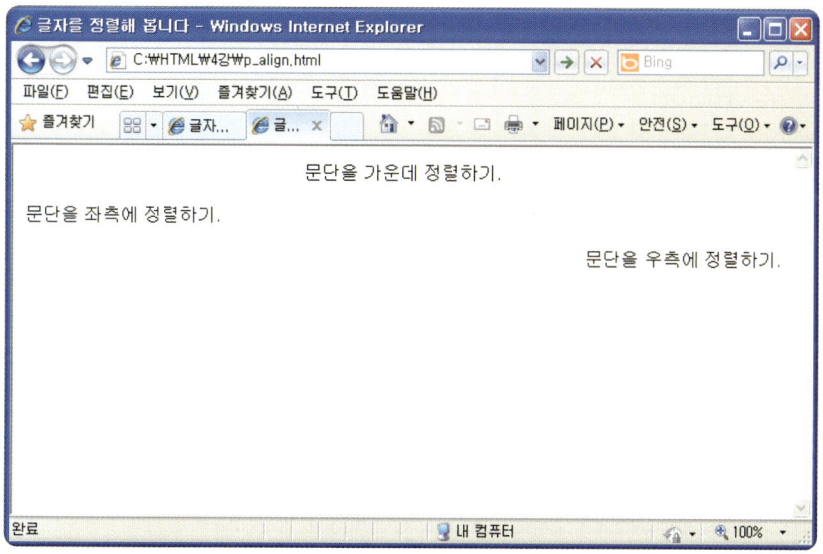

1 다음과 같이 문서와 태그를 입력하고, 'pre.html' 로 저장합니다.

```
<html>
<head>
    <title>글자를 정렬해 봅니다</title>
</head>
<body>
<pre>
pre태그는 HTML 코드에 작성한 형태 그대로 출력됩니다.
    예를들어....
        글자 앞에 스페이스바가 있으면 그대로 출력되지요.
</pre>
</body>
</html>
```

참고 하세요!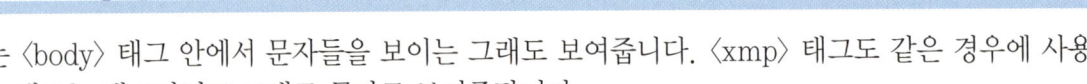

〈pre〉 태그는 〈body〉 태그 안에서 문자들을 보이는 그래도 보여줍니다. 〈xmp〉 태그도 같은 경우에 사용
되며, 〈xmp〉 태그는 태그까지도 그대로 문자로 보여준답니다.

2 'pre.html' 을 웹브라우저에서 열기합니다.

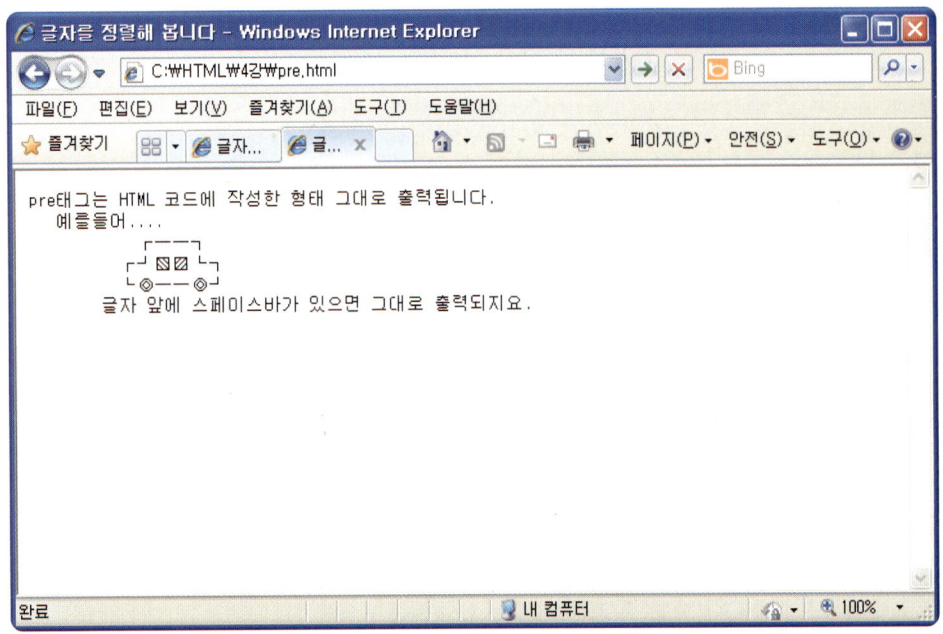

"혼자 풀어 보세요"

1 다음과 같이 문서를 만들어 저장한 후 웹브라우저에서 불러와서 확인해 봅니다.

▲ 파일명 : stone_wall.html

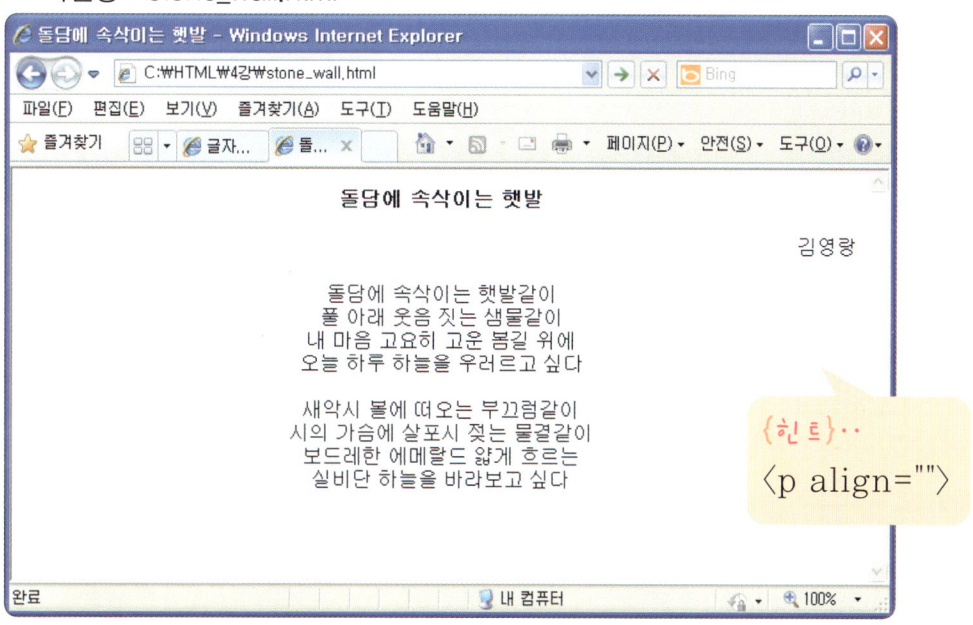

```
<html>
<head>
    <title>돌담에 속삭이는 햇발</title>
</head>
<body>

<p align="center"><b>돌담에 속삭이는 햇발</b>

<p align="right">김영랑</p>

<p align="center">
돌담에 속삭이는 햇발같이<br>
풀 아래 웃음 짓는 샘물같이<br>
내 마음 고요히 고운 봄길 위에<br>
오늘 하루 하늘을 우러르고 싶다<br>
<br>
새악시 볼에 떠오는 부끄럼같이<br>
시의 가슴에 살포시 젖는 물결같이<br>
보드레한 에메랄드 얇게 흐르는<br>
실비단 하늘을 바라보고 싶다<br>
</p>

</body>
</html>
```

{힌트}‥
<p align="">

"혼자 풀어 보세요"

2 다음과 같이 문서를 만들어 저장한 후 웹브라우저에서 불러와서 확인해 봅니다.

▲ 파일명 : heart.html

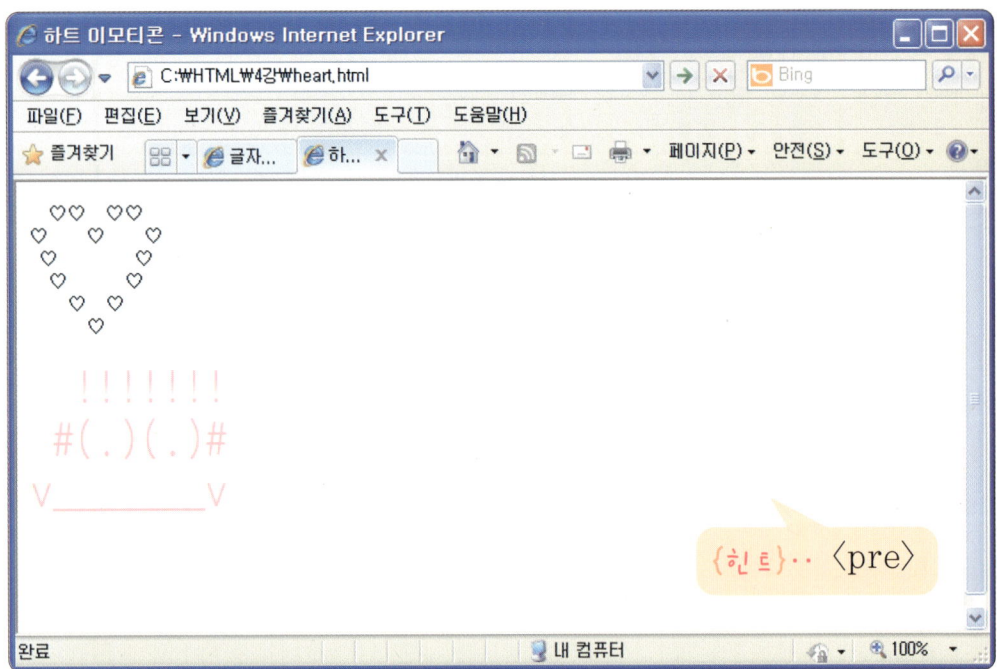

```
<html>
<head>
    <title>하트 이모티콘</title>
</head>
<body>
<pre>
  ♡♡  ♡♡
♡     ♡     ♡
  ♡     ♡
    ♡     ♡
      ♡     ♡
        ♡
</pre>

  <font size="7" color="pink">
<xmp>
  !!!!!!!
 #(.)(.)#
v_____v
</xmp>
  </font>
</body>
</html>
```

3 다음과 같이 문서를 만들어 저장한 후 웹브라우저에서 불러와서 확인해 봅니다.

▲ 파일명 : here.html

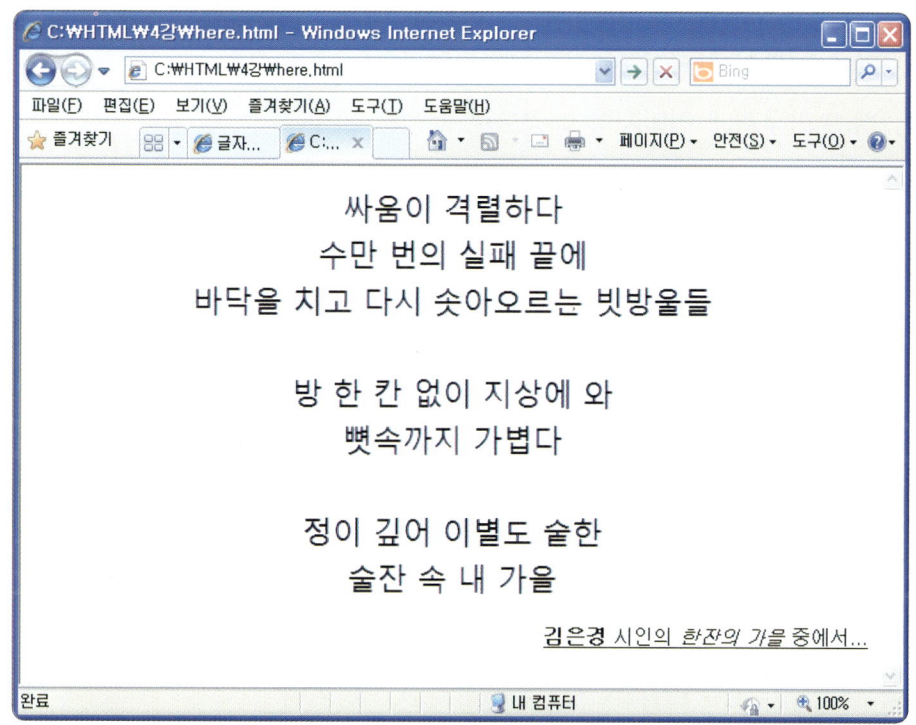

```
〈html〉
〈head〉〈title〉〈/title〉
〈/head〉
〈body〉
〈p align="center"〉
〈font face="맑은 고딕" size="5"〉
싸움이 격렬하다〈br〉
수만 번의 실패 끝에 〈br〉
바닥을 치고 다시 솟아오르는 빗방울들〈br〉
〈br〉
방 한 칸 없이 지상에 와 〈br〉
뼛속까지 가볍다〈br〉
〈br〉
정이 깊어 이별도 숱한〈br〉
술잔 속 내 가을〈br〉
〈/font〉
〈/p〉
〈p align="right"〉
〈u〉〈b〉김은경〈/b〉 시인의 〈i〉한잔의 가을〈/i〉 중에서...
〈/u〉〈/p〉
〈/body〉
〈/html〉
```

〈힌트〉··

〈p align=""〉
본문(휴먼매직체, 글자크기 5pt)

BODY에 효과주기

웹페이지의 단조로움을 없애고 멋진 배경을 구현하기 위해 바탕에 색상 또는 그림을 지정하여 만들어 봅니다.

➤➤ 웹 브라우저에 배경 색상을 지정해 봅니다.

➤➤ 웹 브라우저에 이미지를 배경으로 지정해 봅니다.

배울 내용 미리보기 ⊕

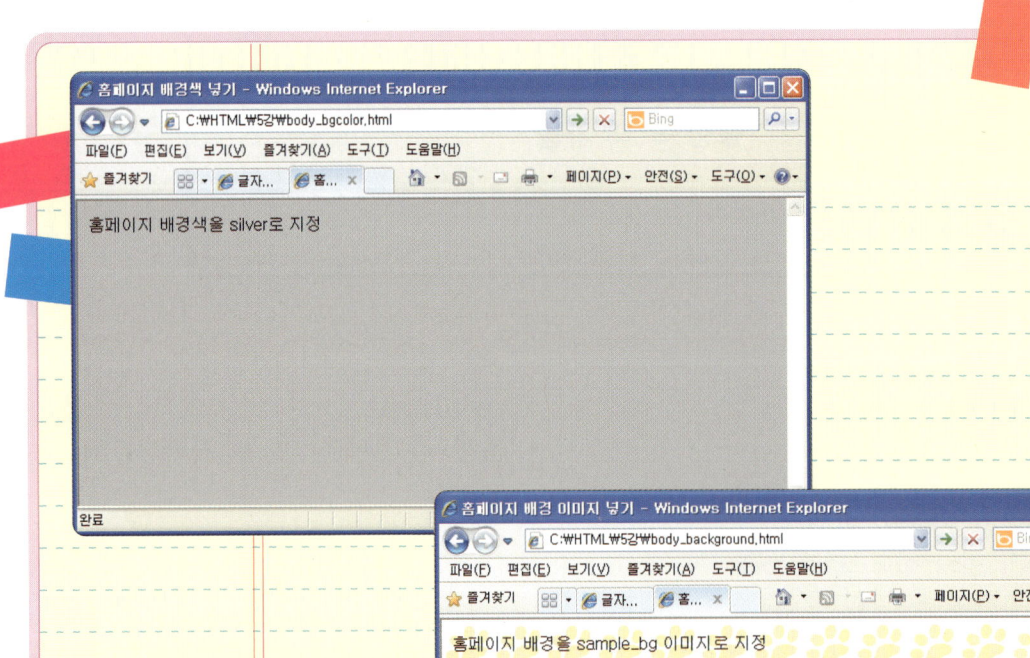

 **웹 브라우저에 배경 색상 지정하기**

1 다음과 같이 문서와 태그를 입력하고, 'body_bgcolor.html' 로 저장합니다.

```
〈html〉
〈head〉
    〈title〉홈페이지 배경색 넣기〈/title〉
〈/head〉
〈body bgcolor="silver"〉
홈페이지 배경색을 silver로 지정
〈/body〉
〈/html〉
```

2 'body_bgcolor.html' 을 웹브라우저에서 열기합니다.

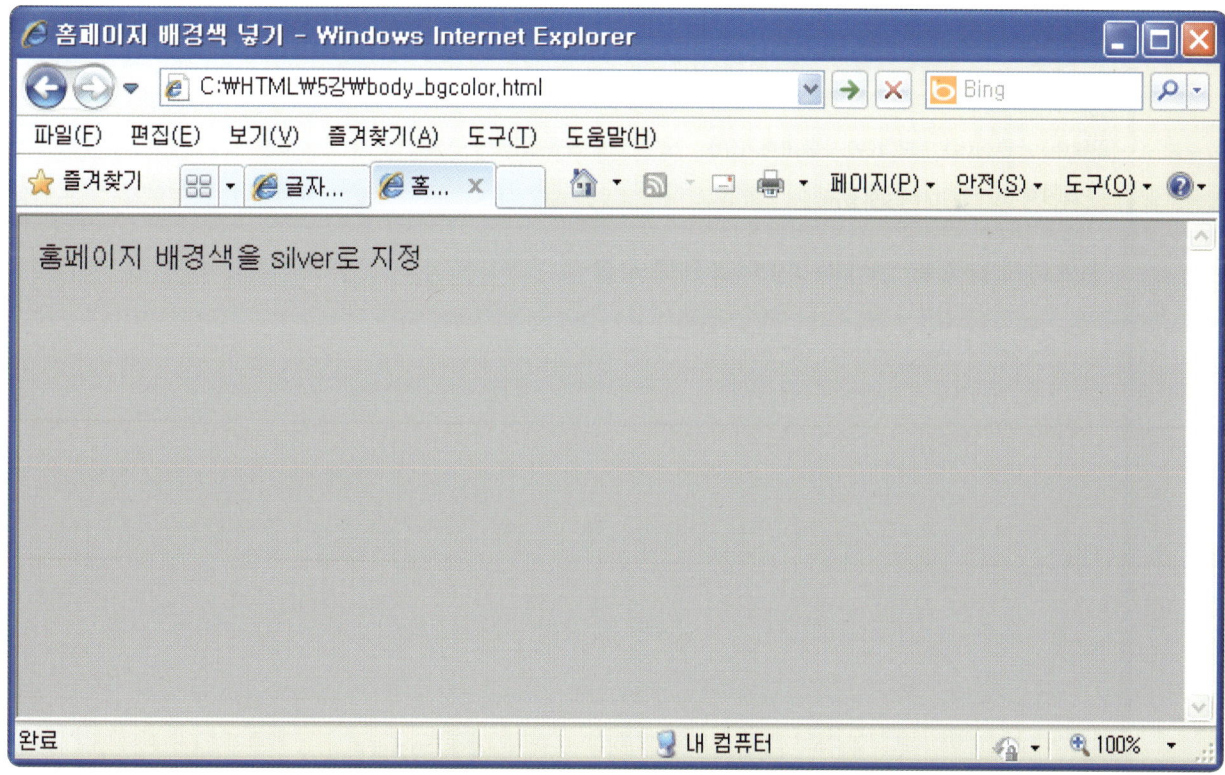

 **웹 브라우저에 이미지를 배경으로 지정하기**

1 다음과 같이 문서와 태그를 입력하고, 'body_background.html' 로 저장합니다.

```
<html>
<head>
    <title>홈페이지 배경 이미지 넣기</title>
</head>
<body background="images/sample_bg.gif">
홈페이지 배경을 sample_bg 이미지로 지정
</body>
</html>
```

2 'body_background.html' 을 웹브라우저에서 열기합니다.

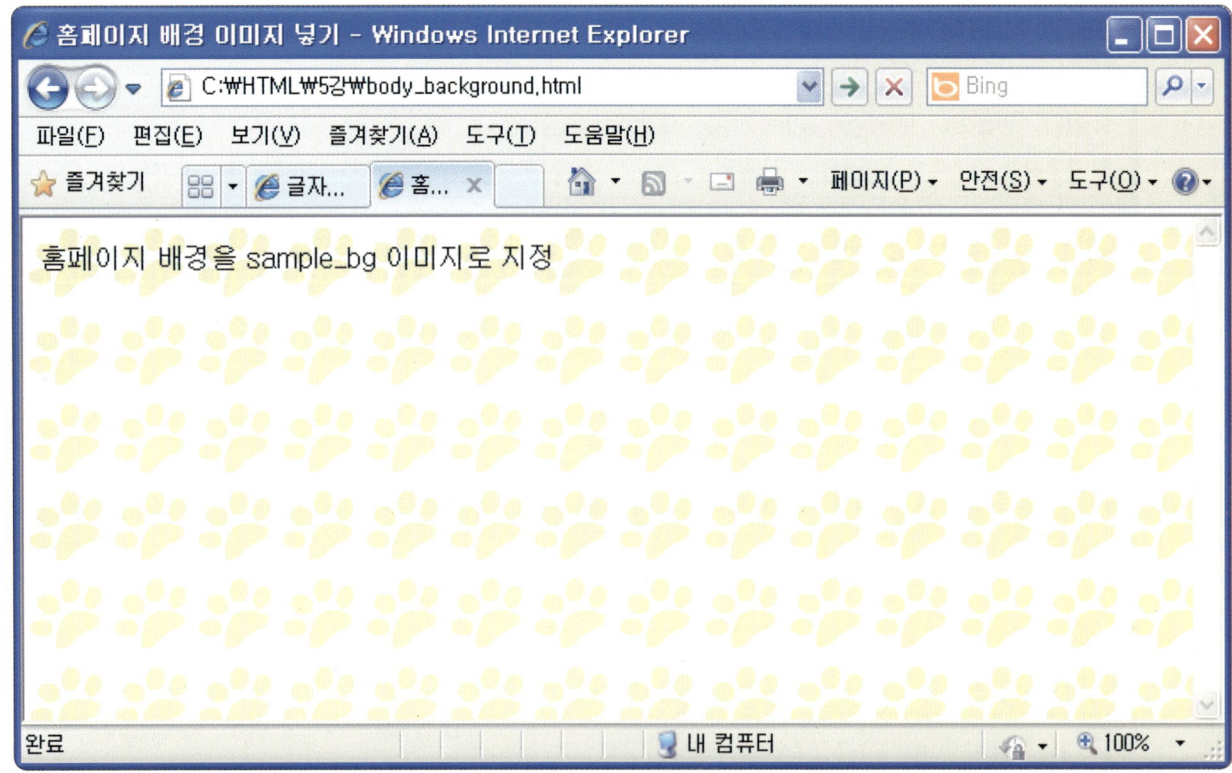

"혼자 풀어 보세요"

1 다음과 같이 문서를 만들어 저장한 후 웹브라우저에서 불러와서 확인해 봅니다.

▲ 파일명 : green.html

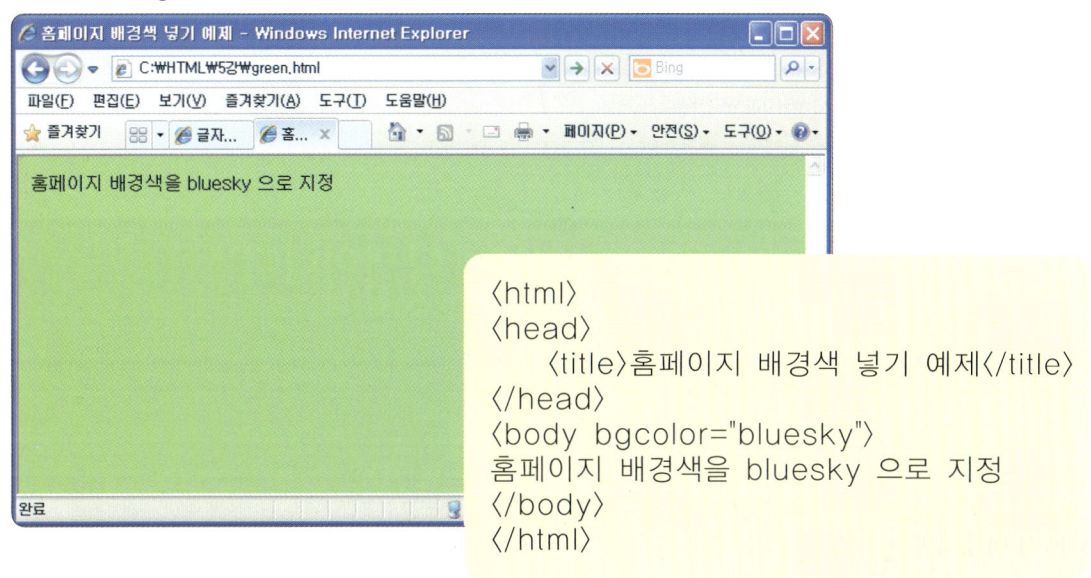

```
<html>
<head>
    <title>홈페이지 배경색 넣기 예제</title>
</head>
<body bgcolor="bluesky">
홈페이지 배경색을 bluesky 으로 지정
</body>
</html>
```

2 다음과 같이 문서를 만들어 저장한 후 웹브라우저에서 불러와서 확인해 봅니다.

▲ 파일명 : sample_bg.html

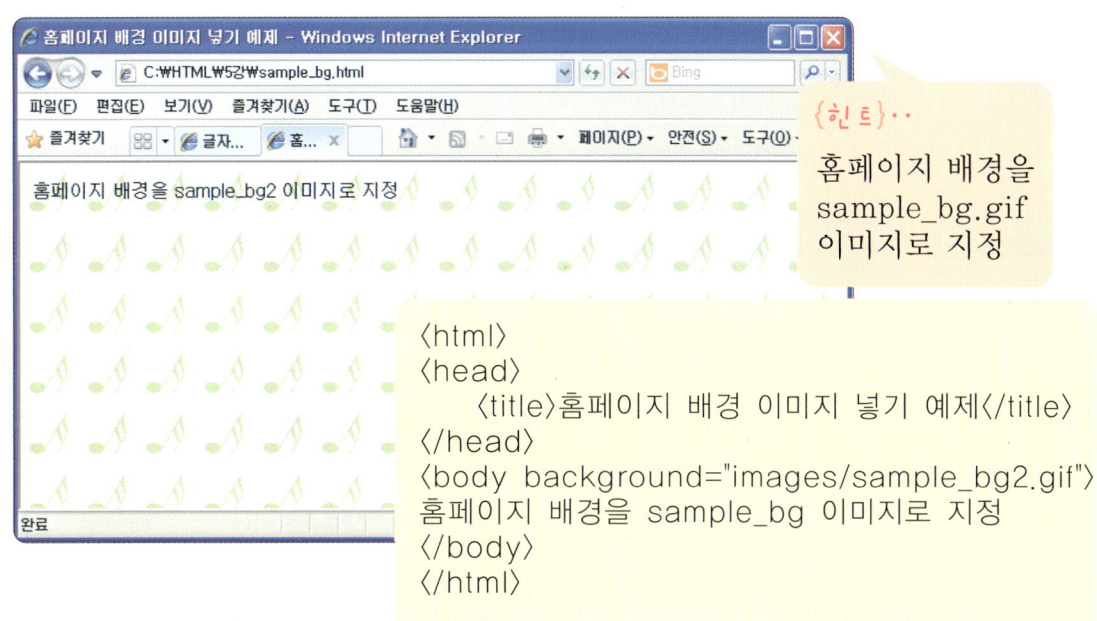

{힌트}··
홈페이지 배경을
sample_bg.gif
이미지로 지정

```
<html>
<head>
    <title>홈페이지 배경 이미지 넣기 예제</title>
</head>
<body background="images/sample_bg2.gif">
홈페이지 배경을 sample_bg 이미지로 지정
</body>
</html>
```

"혼자 풀어 보세요"

3 다음과 같이 문서를 만들어 저장한 후 웹브라우저에서 불러와서 확인해 봅니다.

▲ 파일명 : black.html

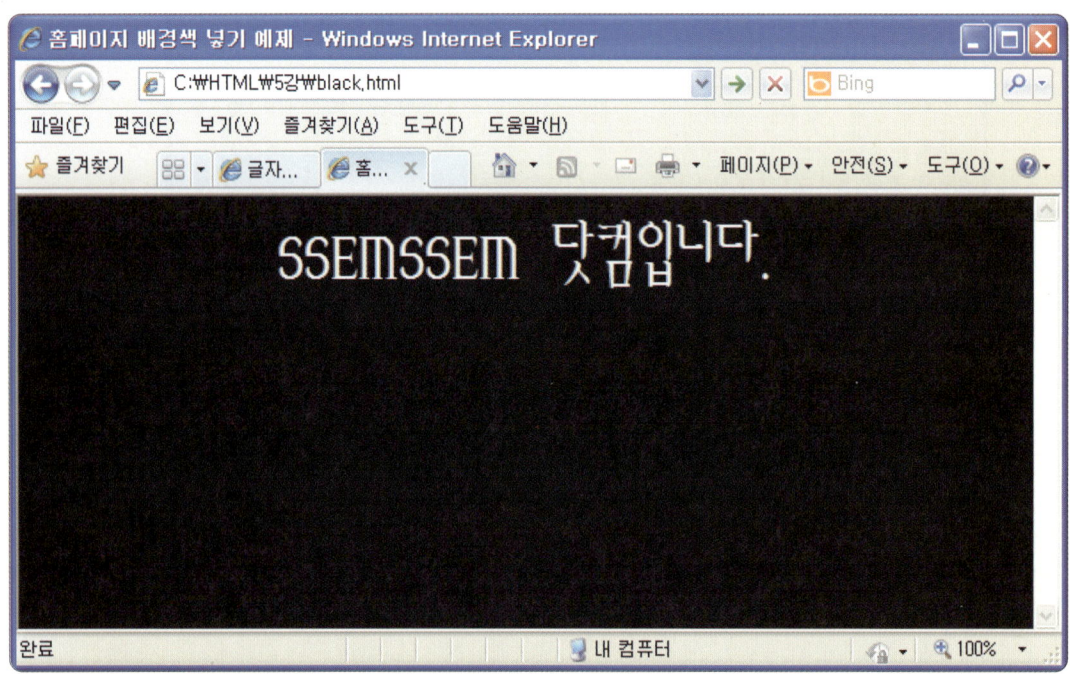

〈힌트〉··
〈p align=""〉
본문(휴먼아미체, 글자크기 7pt, 글자색 흰색)

```
〈html〉
〈head〉
    〈title〉홈페이지 배경색 넣기 예제〈/title〉
〈/head〉
〈body bgcolor="black"〉
  〈font color="#ffffff" size="7" face="휴먼아미체"〉
    〈p align="center"〉SSEMSSEM 닷컴입니다.〈/p〉
  〈/font〉
〈/body〉
〈/html〉
```

4 다음과 같이 문서를 만들어 저장한 후 웹브라우저에서 불러와서 확인해 봅니다.

▲ 파일명 : background1.html

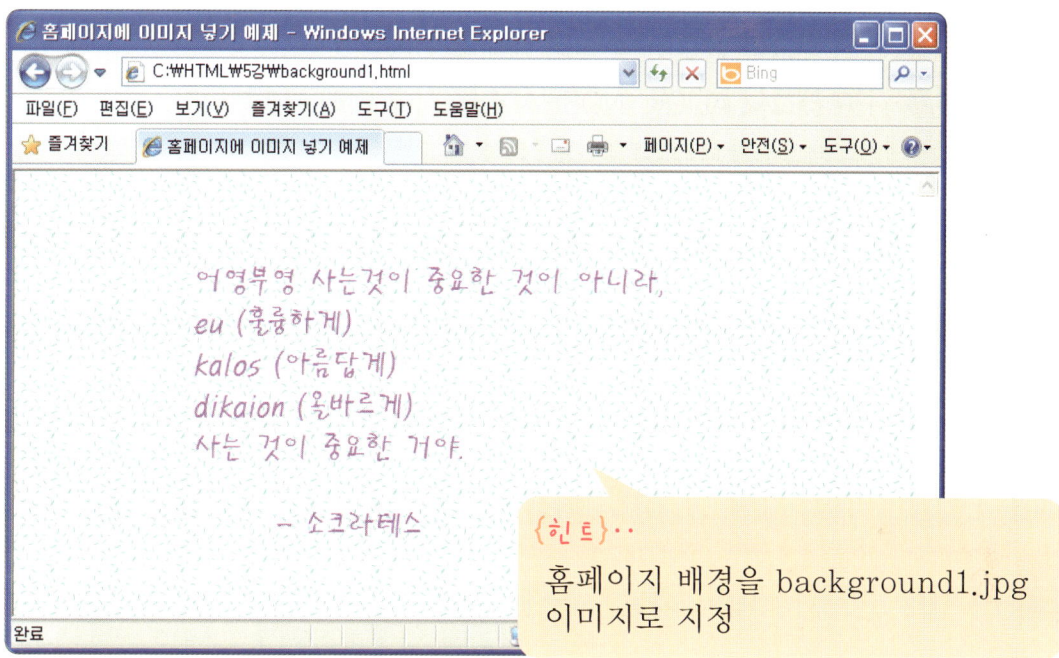

{힌트}··
홈페이지 배경을 background1.jpg 이미지로 지정

```
<html>
<head>
    <title>홈페이지에 이미지 넣기 예제</title>
</head>
<body background="images/background1.jpg">

<pre>
  <font color="#f321ff" size="5" face="휴먼편지체">

        어영부영 사는것이 중요한 것이 아니라,
        eu (훌륭하게)
        kalos (아름답게)
        dikaion (올바르게)
        사는 것이 중요한 거야.

            - 소크라테스
  </font>
</pre>
</body>
</html>
```

선 그리기

06

웹페이지에서 문단 또는 내용을 구분하기 위한 수평선을 그려보고 속성에 대해 알아봅니다.

➤➤ HR 태그의 WIDTH 속성에 대해 알아봅니다.

➤➤ HR 태그의 ALIGN, NOSHADE 속성에 대해 알아봅니다.

배울 내용 미리보기 ➕

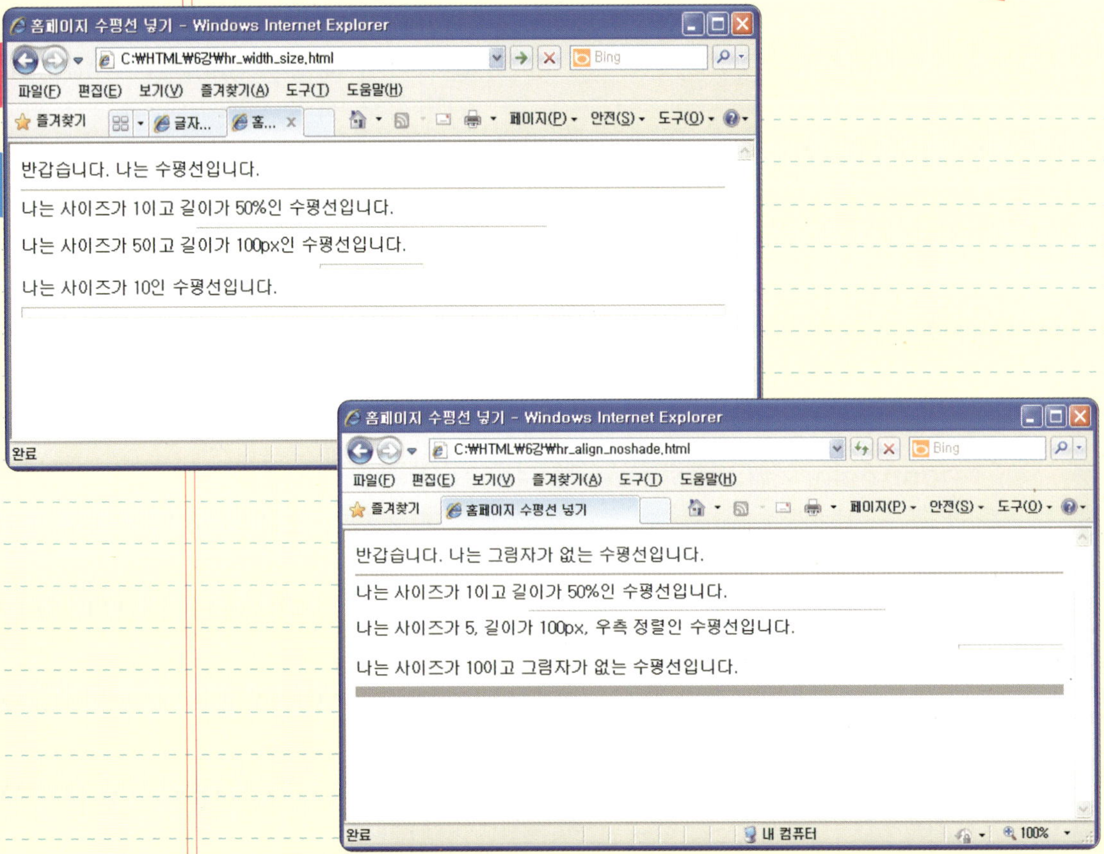

홈페이지 수평선 넣기 - Windows Internet Explorer

C:\HTML\6강\hr_width_size.html

파일(F) 편집(E) 보기(V) 즐겨찾기(A) 도구(T) 도움말(H)

반갑습니다. 나는 수평선입니다.

나는 사이즈가 1이고 길이가 50%인 수평선입니다.

나는 사이즈가 5이고 길이가 100px인 수평선입니다.

나는 사이즈가 10인 수평선입니다.

완료

홈페이지 수평선 넣기 - Windows Internet Explorer

C:\HTML\6강\hr_align_noshade.html

파일(F) 편집(E) 보기(V) 즐겨찾기(A) 도구(T) 도움말(H)

반갑습니다. 나는 그림자가 없는 수평선입니다.

나는 사이즈가 1이고 길이가 50%인 수평선입니다.

나는 사이즈가 5, 길이가 100px, 우측 정렬인 수평선입니다.

나는 사이즈가 10이고 그림자가 없는 수평선입니다.

완료

1 다음과 같이 문서와 태그를 입력하고, 'hr_width_size.html'로 저장합니다.

```
〈html〉
〈head〉
    〈title〉홈페이지 수평선 넣기〈/title〉
〈/head〉
〈body〉
반갑습니다. 나는 수평선입니다.
〈hr〉
나는 사이즈가 1이고 길이가 50%인 수평선입니다.
〈hr width="50%" size="1"〉
나는 사이즈가 5이고 길이가 100px인 수평선입니다.
〈hr width="100px" size="5"〉
나는 사이즈가 10인 수평선입니다.
〈hr size="10"〉
〈/body〉
〈/html〉
```

2 'hr_width_size.html'을 웹브라우저에서 열기합니다.

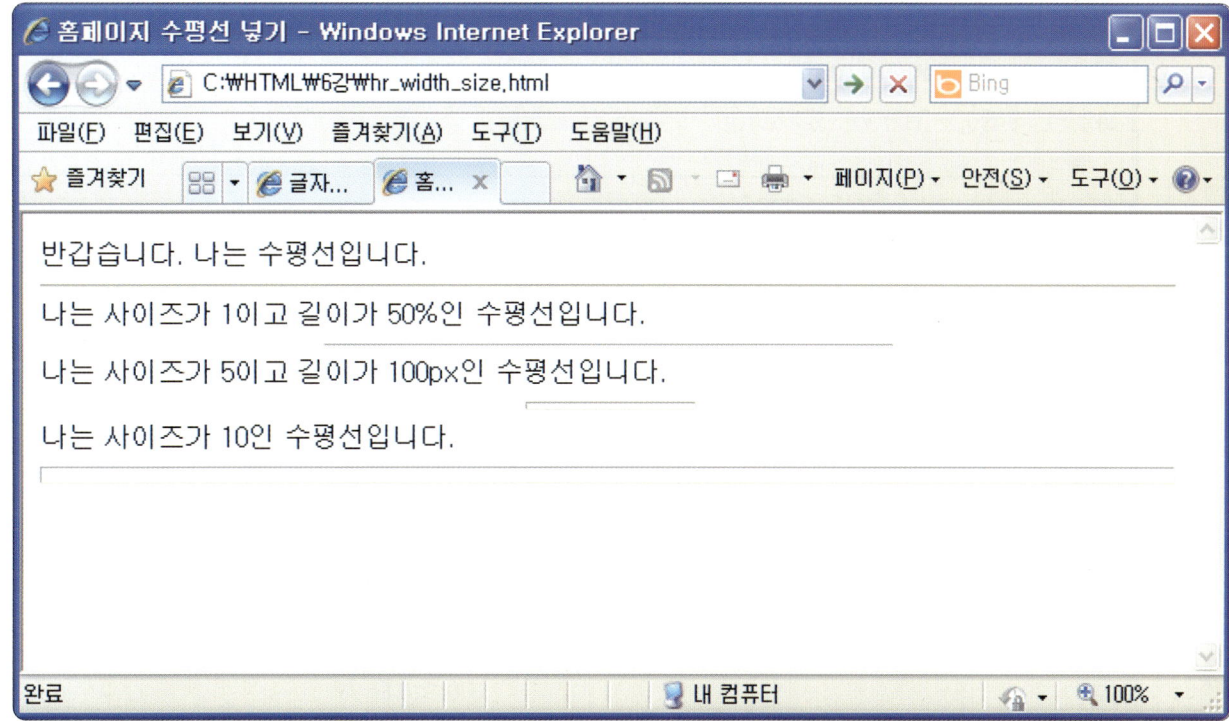

02 HR 태그의 ALIGN, NOSHADE 속성 지정하기

1 'hr_width_size.html' 문서를 불러와 내용을 다음과 같이 수정한 후, 'hr_align_noshade.html' 다른 이름으로 저장합니다.

```
<html>
<head>
    <title>홈페이지 수평선 넣기</title>
</head>
<body>
반갑습니다. 나는 그림자가 없는 수평선입니다.
<hr noshade>
나는 사이즈가 1이고 길이가 50%인 수평선입니다.
<hr width="50%" size="1">
나는 사이즈가 5, 길이가 100px, 우측 정렬인 수평선입니다.
<hr width="100px" size="5" align="right">
나는 사이즈가 10이고 그림자가 없는 수평선입니다.
<hr size="10" noshade>
</body>
</html>
```

2 'hr_align_noshade.html' 을 웹브라우저에서 열기합니다.

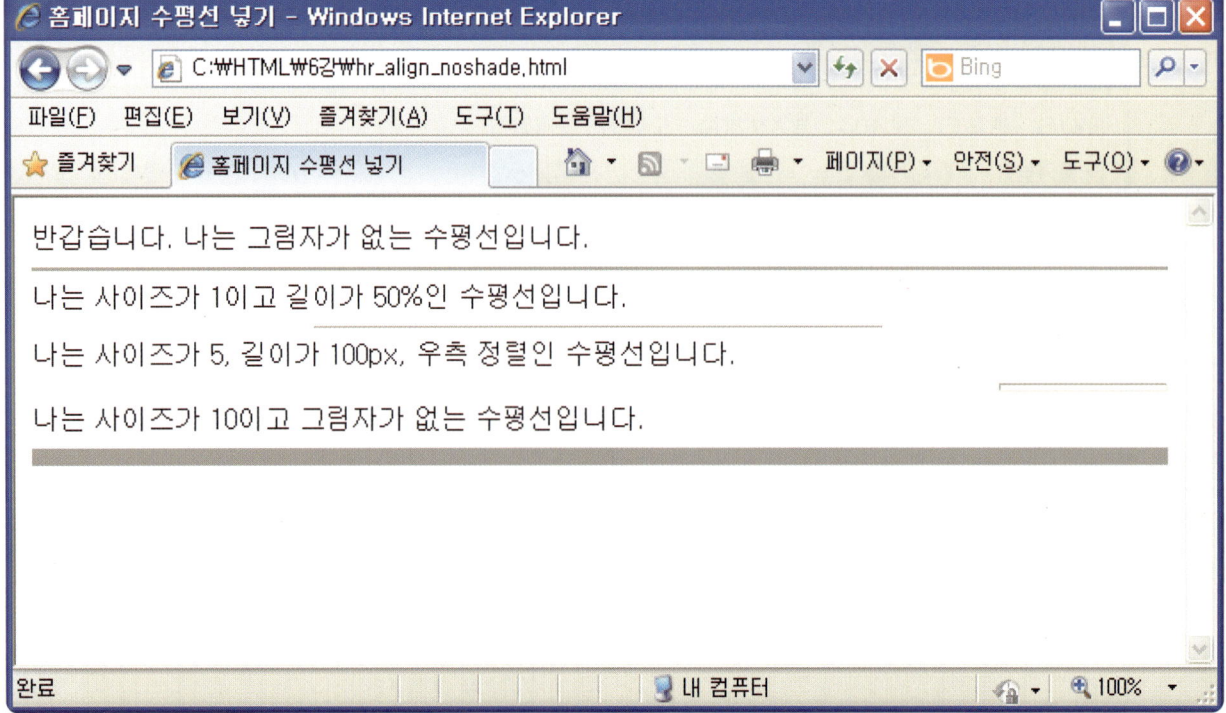

"혼자 풀어 보세요"

1 다음과 같이 문서를 만들어 저장한 후 웹브라우저에서 불러와서 확인해 봅니다.

▲ 파일명 : gongja.html

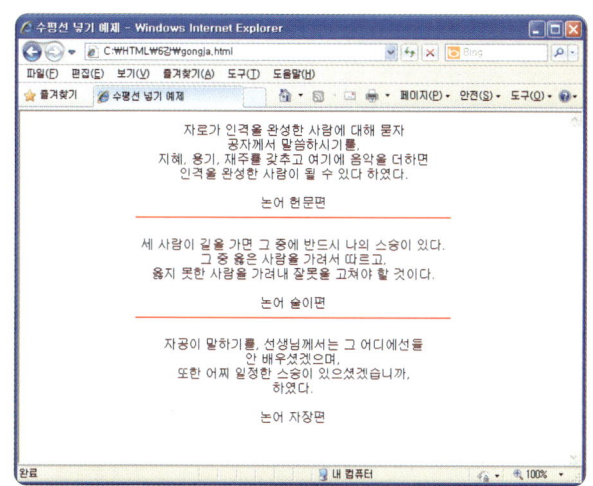

〈힌트〉··
〈hr width="400px" color="red"〉

```
〈html〉
〈head〉
    〈title〉수평선 넣기 예제〈/title〉
〈/head〉
〈body〉
  〈div align="center"〉
자로가 인격을 완성한 사람에 대해 묻자〈br〉
공자께서 말씀하시기를,〈br〉
지혜, 용기, 재주를 갖추고 여기에 음악을 더하면〈br〉
인격을 완성한 사람이 될 수 있다 하였다.〈br〉〈br〉

논어 헌문편〈br〉
〈hr width="400px"  color="red"〉
〈br〉

세 사람이 길을 가면 그 중에 반드시 나의 스승이 있다.〈br〉
그 중 옳은 사람을 가려서 따르고,〈br〉
옳지 못한 사람을 가려내 잘못을 고쳐야 할 것이다.〈br〉〈br〉

논어 술이편〈br〉
〈hr width="400px" color="red"〉
〈br〉

자공이 말하기를, 선생님께서는 그 어디에선들〈br〉
안 배우셨겠으며, 〈br〉
또한 어찌 일정한 스승이 있으셨겠습니까,〈br〉
하였다. 〈br〉〈br〉

논어 자장편
  〈/div〉
〈/body〉
〈/html〉
```

"혼자 풀어 보세요"

2 다음과 같이 문서를 만들어 저장한 후 웹브라우저에서 불러와서 확인해 봅니다.

▲ 파일명 : saying.html

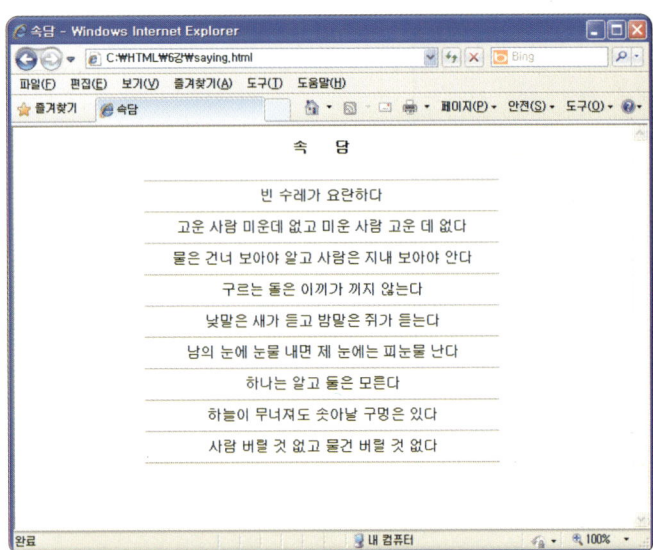

〈힌트〉··
〈hr width="400px"〉

```
〈html〉
〈head〉
    〈title〉속담〈/title〉
〈/head〉
〈body〉
  〈div align="center"〉
〈b〉속     담〈/b〉〈br〉〈br〉
〈hr width="400px"〉
빈 수레가 요란하다
〈hr width="400px"〉
고운 사람 미운데 없고 미운 사람 고운 데 없다
〈hr width="400px"〉
물은 건너 보아야 알고 사람은 지내 보아야 안다
〈hr width="400px"〉
구르는 돌은 이끼가 끼지 않는다
〈hr width="400px"〉
낮말은 새가 듣고 밤말은 쥐가 듣는다
〈hr width="400px"〉
남의 눈에 눈물 내면 제 눈에는 피눈물 난다
〈hr width="400px"〉
하나는 알고 둘은 모른다
〈hr width="400px"〉
하늘이 무너져도 솟아날 구멍은 있다
〈hr width="400px"〉
사람 버릴 것 없고 물건 버릴 것 없다
〈hr width="400px"〉
  〈/div〉
〈/body〉
〈/html〉
```

"혼자 풀어 보세요"

3 다음과 같이 문서를 만들어 저장한 후 웹브라우저에서 불러와서 확인해 봅니다.

▲ 파일명 : gon.html

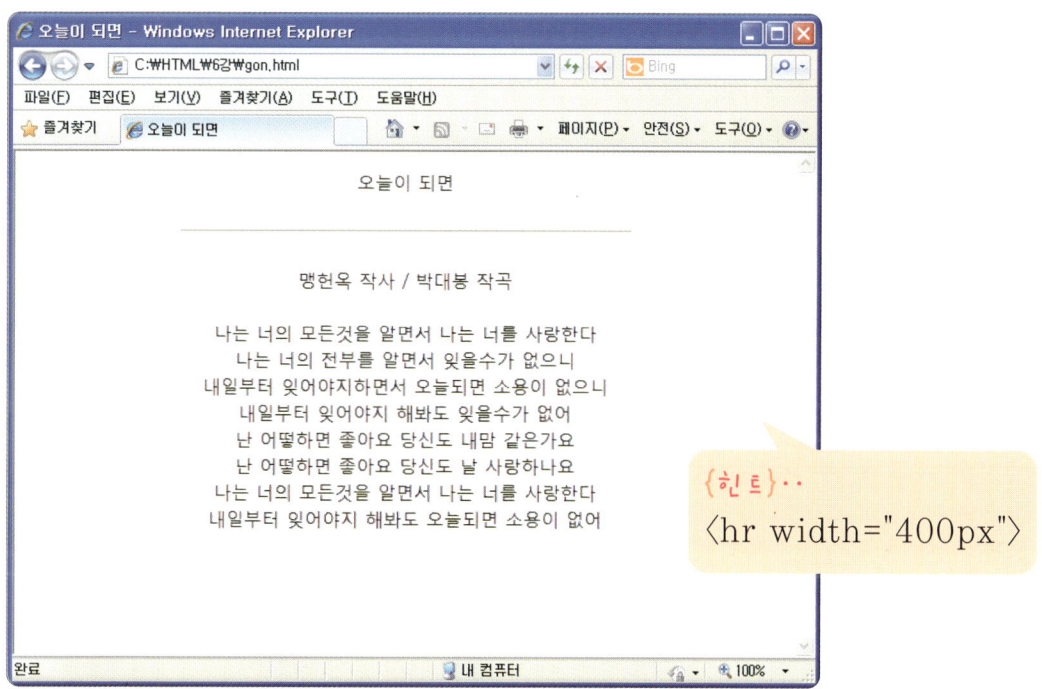

{힌트}‥
〈hr width="400px"〉

```
〈html〉
〈head〉
    〈title〉오늘이 되면〈/title〉
〈/head〉
〈body〉
〈font face="맑은 고딕"〉
  〈p align="center"〉
    오늘이 되면〈br/〉〈br/〉
  〈/p〉
  〈hr width="400px"〉〈br/〉  〈p align="center"〉
    맹헌옥 작사 / 박대봉 작곡〈br/〉〈br/〉

    나는 너의 모든것을 알면서 나는 너를 사랑한다〈br/〉
    나는 너의 전부를 알면서 잊을수가 없으니〈br/〉
    내일부터 잊어야지하면서 오늘되면 소용이 없으니〈br/〉
    내일부터 잊어야지 해봐도 잊을수가 없어〈br/〉
    난 어떻하면 좋아요 당신도 내맘 같은가요〈br/〉
    난 어떻하면 좋아요 당신도 날 사랑하나요〈br/〉
    나는 너의 모든것을 알면서 나는 너를 사랑한다〈br/〉
    내일부터 잊어야지 해봐도 오늘되면 소용이 없어〈br/〉
  〈/p〉
〈/font〉
〈/body〉
〈/html〉
```

목록 태그 알기

문단 앞에 기호를 이용하여 목록을 만들거나 순서 있는 번호로 목록을 만드는 방법과 속성에 대해 알아봅니다.

▶▶ 순서 없는 목록을 만들어 봅니다.
▶▶ 순서 있는 목록을 만들어 봅니다.
▶▶ 정의 목록을 만들어 봅니다.

배울 내용 미리보기 +

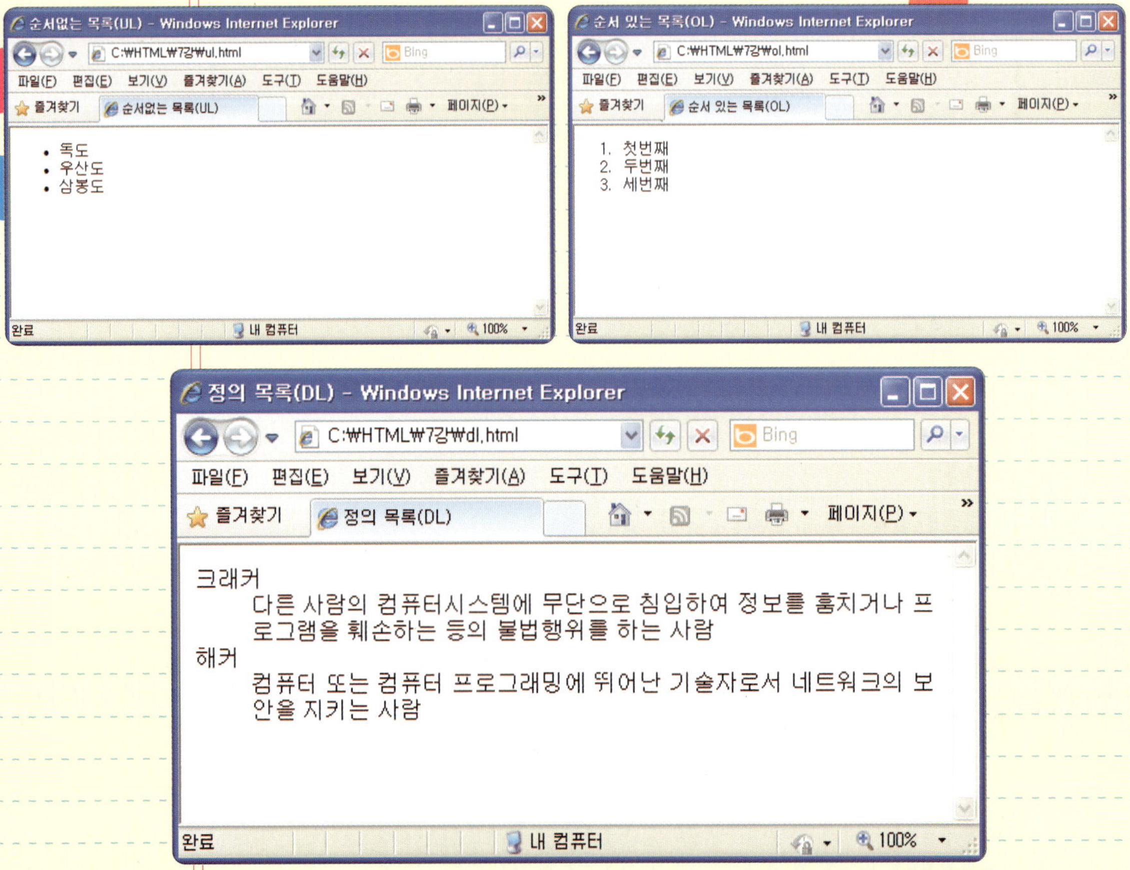

순서없는 목록(UL) - Windows Internet Explorer
C:₩HTML₩7강₩ul.html
파일(F) 편집(E) 보기(V) 즐겨찾기(A) 도구(T) 도움말(H)
즐겨찾기 순서없는 목록(UL) 페이지(P)▼

- 독도
- 우산도
- 삼봉도

완료   내 컴퓨터   100%

순서 있는 목록(OL) - Windows Internet Explorer
C:₩HTML₩7강₩ol.html
파일(F) 편집(E) 보기(V) 즐겨찾기(A) 도구(T) 도움말(H)
즐겨찾기 순서 있는 목록(OL) 페이지(P)▼

1. 첫번째
2. 두번째
3. 세번째

완료   내 컴퓨터   100%

정의 목록(DL) - Windows Internet Explorer
C:₩HTML₩7강₩dl.html
파일(F) 편집(E) 보기(V) 즐겨찾기(A) 도구(T) 도움말(H)
즐겨찾기 정의 목록(DL) 페이지(P)▼

크래커
    다른 사람의 컴퓨터시스템에 무단으로 침입하여 정보를 훔치거나 프로그램을 훼손하는 등의 불법행위를 하는 사람
해커
    컴퓨터 또는 컴퓨터 프로그래밍에 뛰어난 기술자로서 네트워크의 보안을 지키는 사람

완료   내 컴퓨터   100%

01 순서 없는 목록(UL) 태그 알기

1 다음과 같이 문서와 태그를 입력하고, 'ul.html'로 저장합니다.

```
<html>
<head>
    <title>순서없는 목록(UL)</title>
</head>
<body>
<ul type="disc">
  <li>독도</li>
  <li>우산도</li>
  <li>삼봉도</li>
</ul>
</body>
</html>
```

참고 하세요!

태그는 Unordered List 의 약자로 목록을 기호 모양으로 나타낼 때 사용하며, <li>는 각각의 목록에 기호를 부여합니다.

UL 태그 타입
<ul type="disc"> 목록 태그를 원 모양의 기호 형태로 설정합니다.
<ul type="circle"> 목록 태그를 테두리 원 모양의 기호 형태로 설정합니다.
<ul type="square"> 목록 태그를 사각형 모양의 기호 형태로 설정합니다.

2 'ul.html'을 웹브라우저에서 열기합니다.

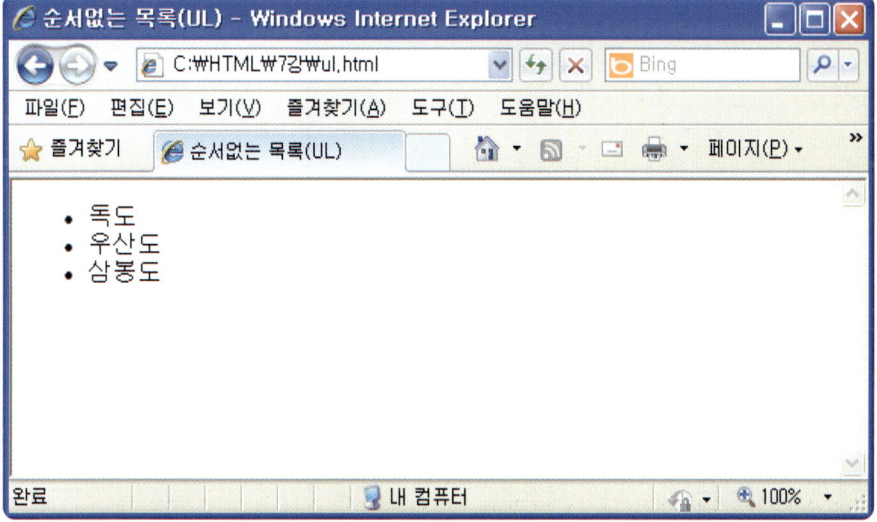

02 순서있는 목록(OL) 태그 알기

1 다음과 같이 문서와 태그를 입력하고, 'ol.html' 로 저장합니다.

```
<html>
<head>
     <title>순서 있는 목록(OL)</title>
</head>
<body>
<ol>
     <li>첫번째</li>
     <li>두번째</li>
     <li>세번째</li>
</ol>
</body>
</html>
```

참고 하세요!

<ol> 태그는 Ordered List 의 약자로 목록에 번호를 붙여 순차적으로 보여줄 때 사용하며, <li>는 각각의 목록에 번호를 부여합니다.

OL 태그 타입
<ol type="A"> 목록 태그의 시작하는 번호를 알파벳의 대문자로 설정합니다.
<ol type="1"> 목록 태그의 시작하는 번호를 숫자로 설정합니다.
<ol type="I"> 목록 태그의 시작하는 번호를 로마자의 대문자로 설정합니다.
<ol type="i"> 목록 태그의 시작하는 번호를 로마자의 소문자로 설정합니다.

2 'ol.html' 을 웹브라우저에서 열기합니다.

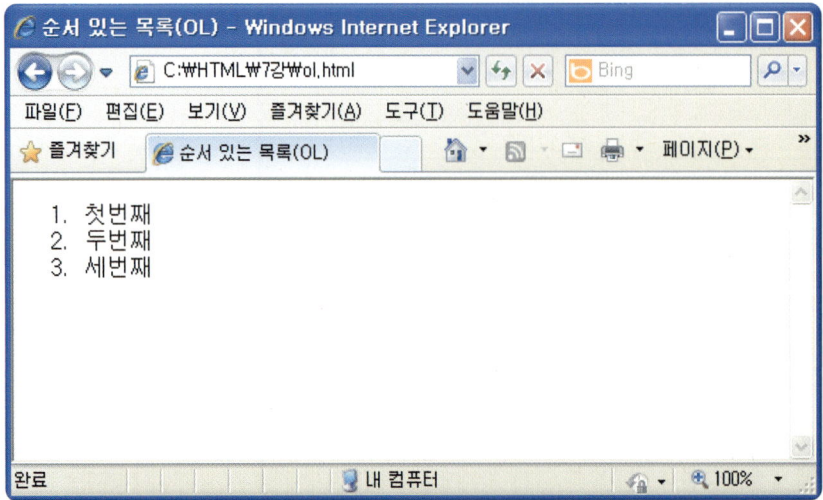

03 정의 목록(DL) 태그 알기

1 다음과 같이 문서와 태그를 입력하고, 'dl.html'로 저장합니다.

```
〈html〉
〈head〉
    〈title〉정의 목록(DL)〈/title〉
〈/head〉
〈body〉
〈dl〉
    〈dt〉크래커
    〈dd〉다른 사람의 컴퓨터시스템에 무단으로 침입하여 정보를 훔치거나 프로그램을 훼손하는
등의 불법행위를 하는 사람
    〈dt〉해커
    〈dd〉컴퓨터 또는 컴퓨터 프로그래밍에 뛰어난 기술자로서 네트워크의 보안을 지키는 사람
〈/dl〉
〈/body〉
〈/html〉
```

참고 하세요!

〈dl〉 태그는 Definition List의 약자로 설명 또는 목록으로 만들 때 사용합니다.
〈dd〉 태그는 Definition Data의 약자로 목록의 제목에 대한 설명을 나타낼 때 사용되며,
자동 들여쓰기가 됩니다.
〈dt〉 태그는 Definition Title의 약자로 목록의 제목으로 사용됩니다.

2 'dl.html'을 웹브라우저에서 열기합니다.

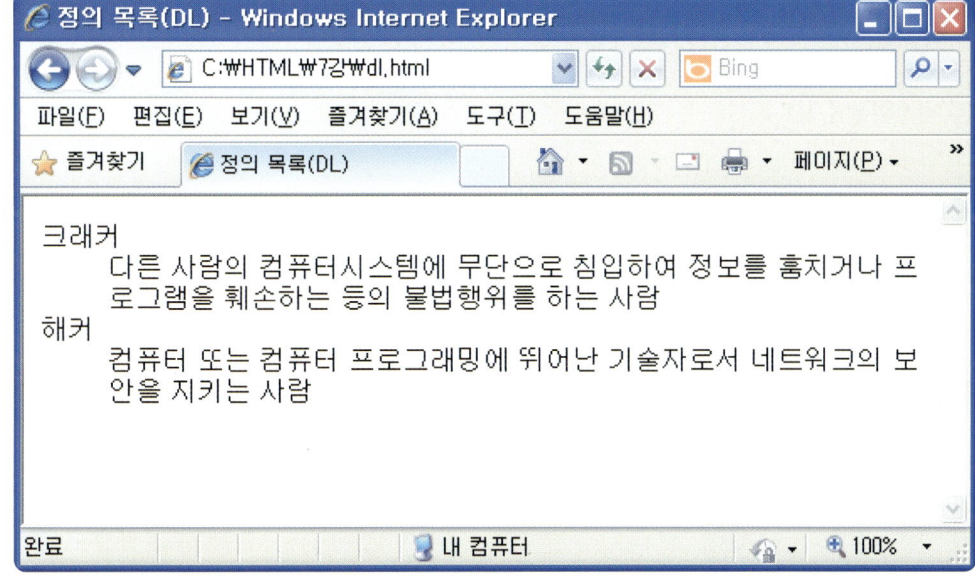

1 다음과 같이 문서를 만들어 저장한 후 웹브라우저에서 불러와서 확인해
봅니다.

▲ 파일명 : rice_cake.html

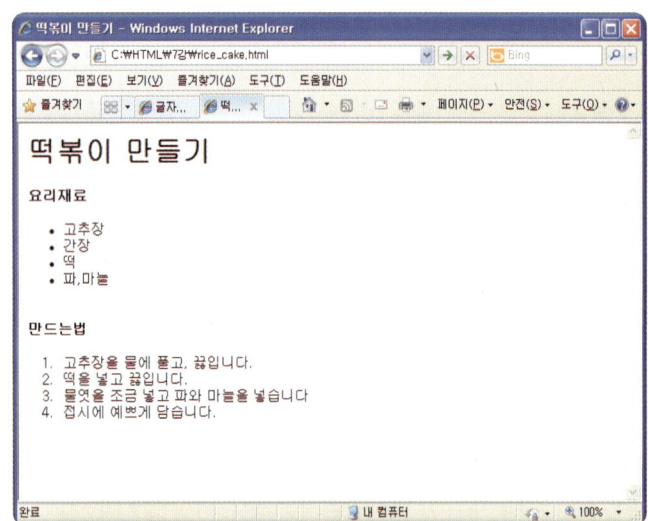

{힌트}··
〈ul type="disc"〉

```
〈html〉
〈head〉
    〈title〉떡볶이 만들기〈/title〉
〈/head〉
〈body〉
〈h1〉떡볶이 만들기〈/h1〉
〈b〉요리재료〈/b〉
〈ul type="disc"〉
    〈li〉고추장〈/li〉
    〈li〉간장〈/li〉
    〈li〉떡〈/li〉
    〈li〉파,마늘〈/li〉
〈/ul〉
〈br〉
〈b〉만드는법〈/b〉
〈ol〉
    〈li〉고추장을 물에 풀고, 끓입니다.〈/li〉
    〈li〉떡을 넣고 끓입니다.〈/li〉
    〈li〉물엿을 조금 넣고 파와 마늘을 넣습니다〈/li〉
    〈li〉접시에 예쁘게 담습니다.〈/li〉
〈/ol〉
〈/body〉
〈/html〉
```

2 다음과 같이 문서를 만들어 저장한 후 웹브라우저에서 불러와서 확인해 봅니다.

▲ 파일명 : wise.html

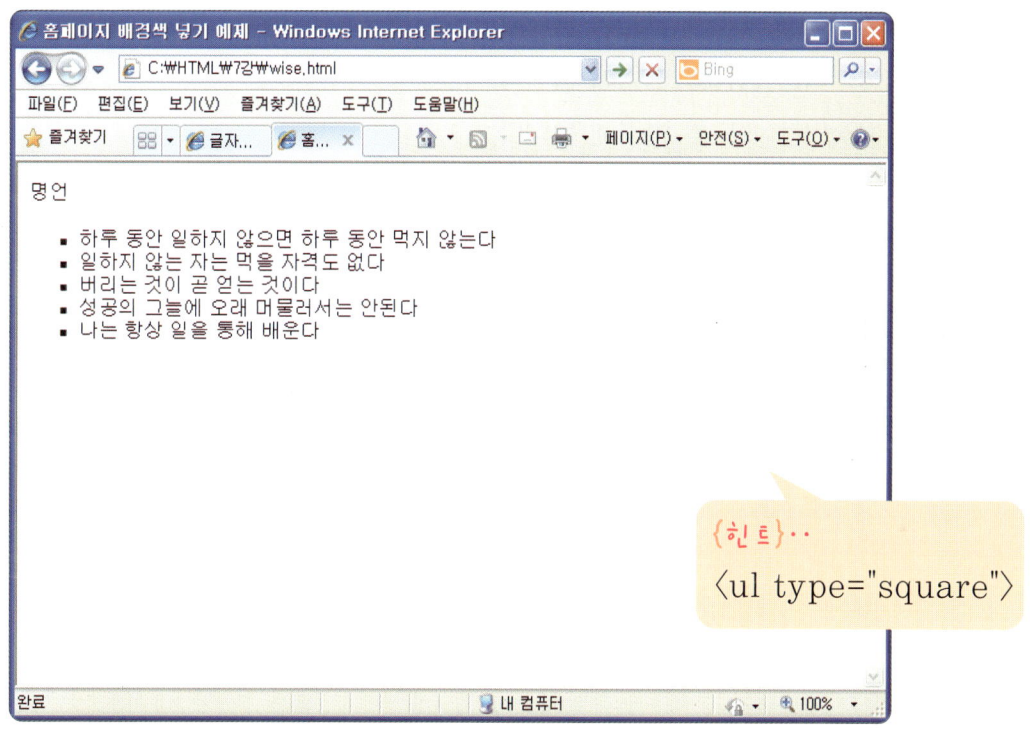

{힌트}‥
〈ul type="square"〉

```
〈html〉
〈head〉
    〈title〉홈페이지 배경색 넣기 예제〈/title〉
〈/head〉
〈body〉
  〈div align="left"〉
명언
    〈ul type="square"〉
      〈li〉하루 동안 일하지 않으면 하루 동안 먹지 않는다
      〈li〉일하지 않는 자는 먹을 자격도 없다
      〈li〉버리는 것이 곧 얻는 것이다
      〈li〉성공의 그늘에 오래 머물러서는 안된다
      〈li〉나는 항상 일을 통해 배운다
    〈/ul〉
  〈/div〉
〈/body〉
〈/html〉
```

08 움직이는 글자 태그 알기

전체 웹페이지에서 특정한 내용에 대해 효과적으로 알리려 할 경우 글자를 움직이게 되면 시각적으로 정보 전달에 보다 효과적입니다. 글자의 움직이는 방향과 속도를 변경하는 방법을 알아봅니다.

➡➡ 움직이는 글자를 만들어 봅니다.

➡➡ 움직이는 방향을 변경해 봅니다.

➡➡ 움직이는 속도를 변경해 봅니다.

배울 내용 미리보기 ➕

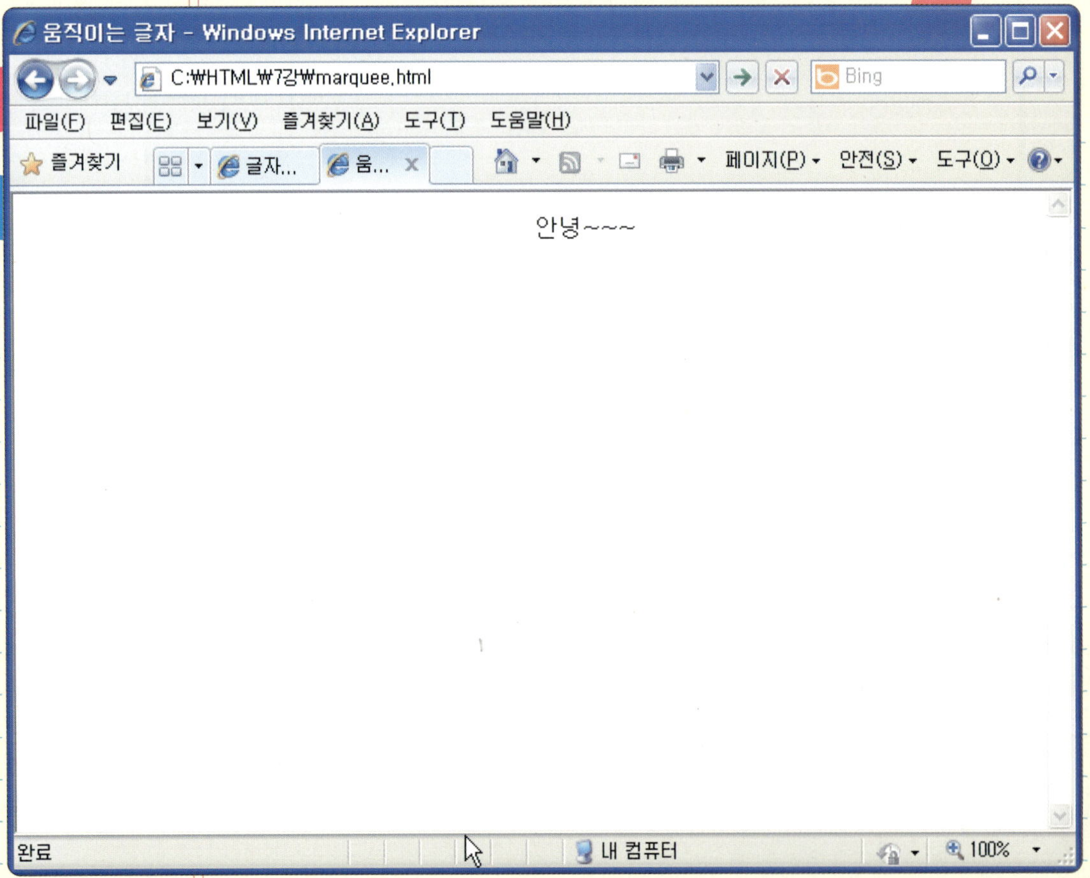

움직이는 글자 - Windows Internet Explorer

C:₩HTML₩7강₩marquee.html   Bing

파일(F) 편집(E) 보기(V) 즐겨찾기(A) 도구(T) 도움말(H)

즐겨찾기   글자...   움... ✕   페이지(P) ▾ 안전(S) ▾ 도구(O) ▾

안녕~~~

완료   내 컴퓨터   100%

01 움직이는 글자 만들기

1 다음과 같이 문서와 태그를 입력하고, 'marquee.html'로 저장합니다.

```
〈html〉
〈head〉
    〈title〉움직이는 글자〈/title〉
〈/head〉
〈body〉
〈marquee〉
안녕~~~
〈/marquee〉
〈/body〉
〈/html〉
```

2 'marquee.html'을 웹브라우저에서 열기합니다.

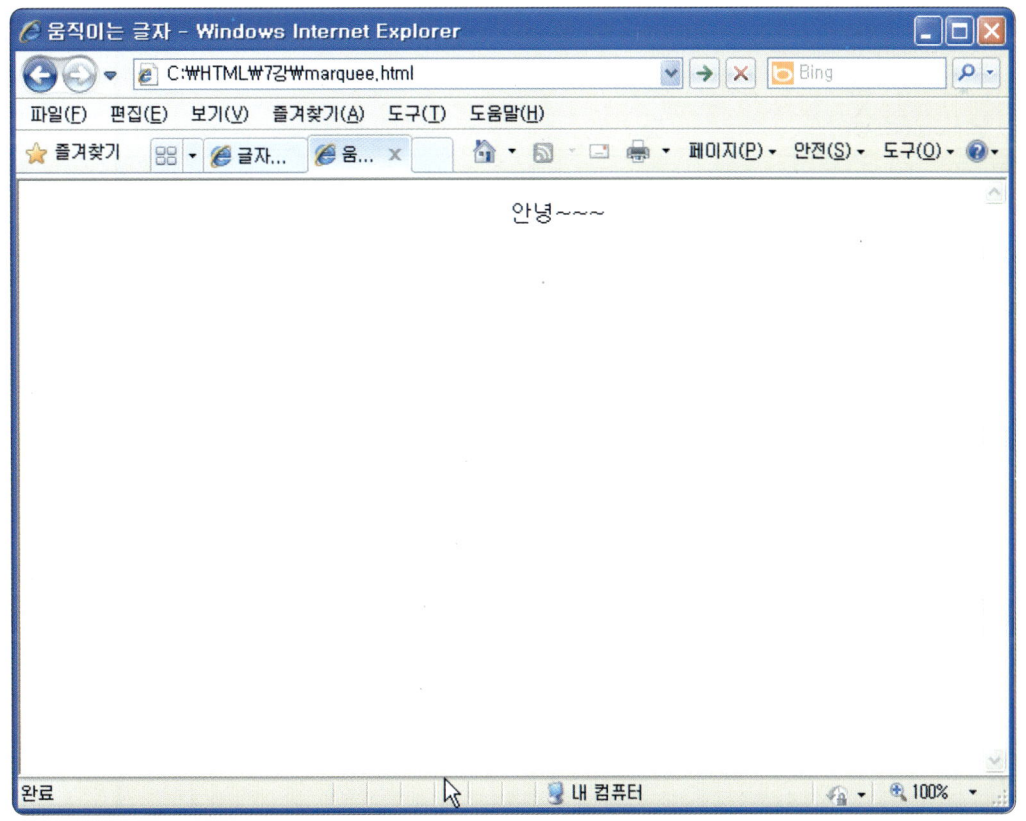

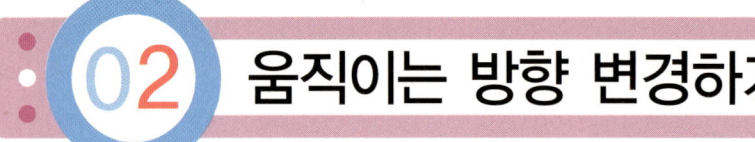

① 움직이는 방향 변경하기

① 다음과 같이 문서와 태그를 입력하고, 'marquee_delection.html' 로 저장합니다.

```
<html>
<head>
    <title>marquee의 방향</title>
</head>
<body>
<marquee direction="up">
위로 올라가요~~~
</marquee>
</body>
</html>
```

② 'marquee_delection.html' 을 웹브라우저에서 열기합니다.

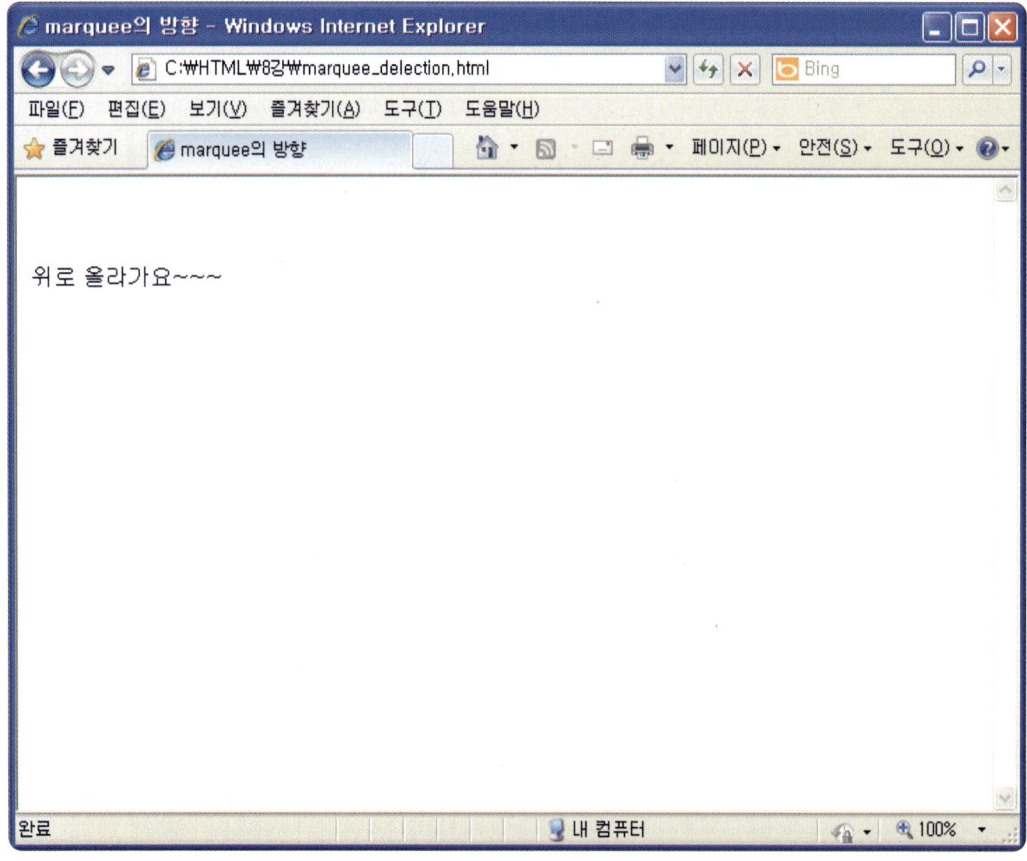

03 움직이는 속도 변경하기

1 다음과 같이 문서와 태그를 입력하고, 'marquee_scroll.html'로 저장합니다.

```
〈html〉
〈head〉
    〈title〉marquee의 속도〈/title〉
〈/head〉
〈body〉
〈marquee scrollamount="5"〉
♥~~~
   ♥~~~
    ♥~~~
〈/marquee〉
〈/body〉
〈/html〉
```

2 'marquee_scroll.html'을 웹브라우저에서 열기합니다.

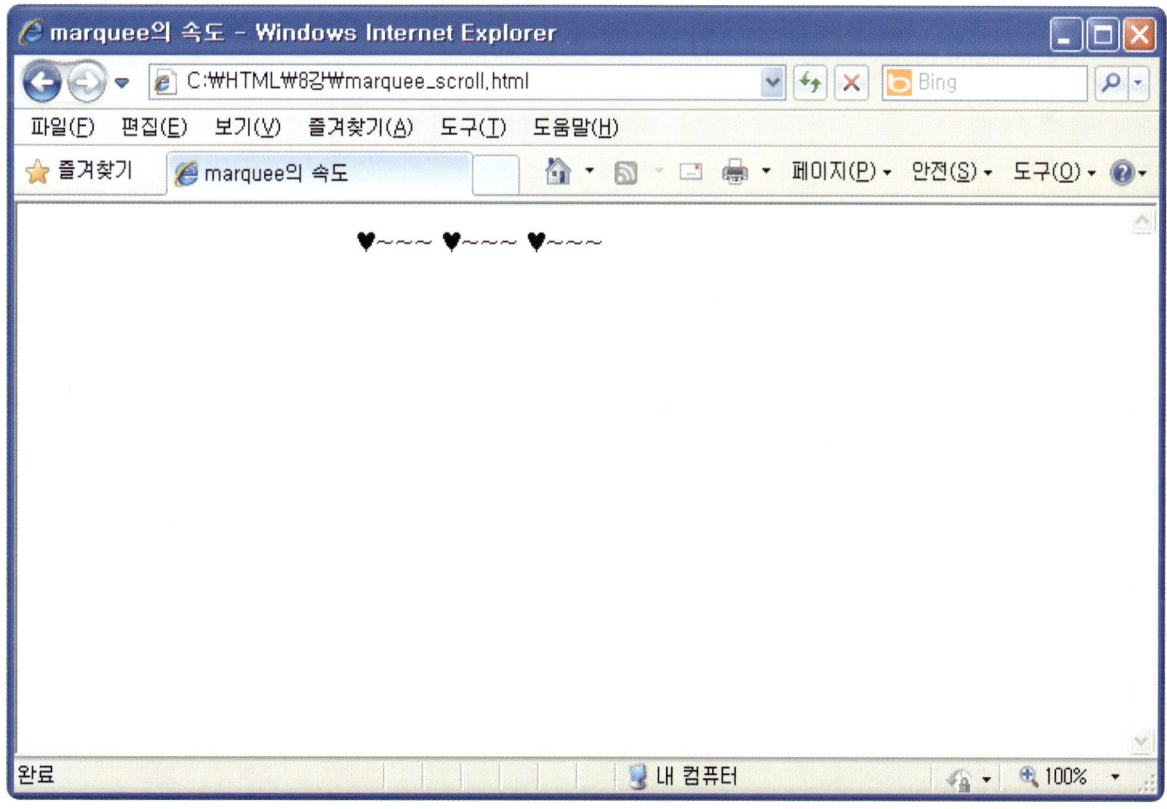

"혼자 풀어 보세요"

1 다음과 같이 문서를 만들어 저장한 후 웹브라우저에서 불러와서 확인해 봅니다.

▲ 파일명 : english.html

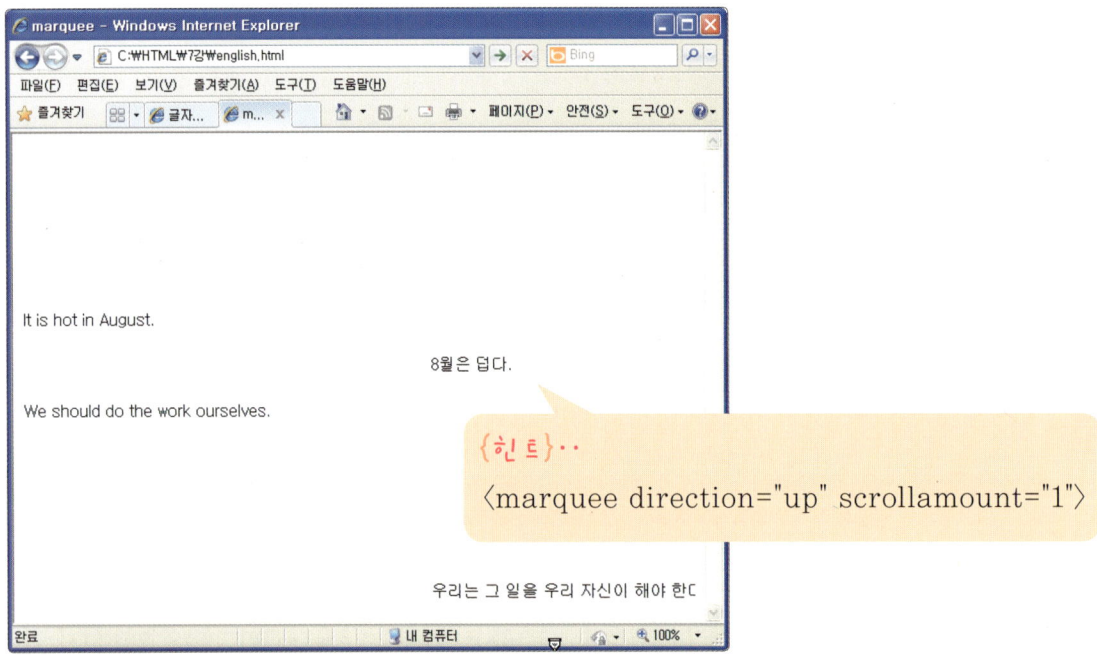

〈힌트〉‥
〈marquee direction="up" scrollamount="1"〉

```
〈html〉
〈head〉
    〈title〉marquee〈/title〉
〈/head〉
〈body〉
〈marquee direction="up" scrollamount="1"〉
It is hot in August.
〈/marquee〉
〈marquee scrollamount="1"〉
8월은 덥다.
〈/marquee〉
〈marquee direction="down" scrollamount="1"〉
We should do the work ourselves.
〈/marquee〉
〈marquee scrollamount="1"〉
우리는 그 일을 우리 자신이 해야 한다.
〈/marquee〉
〈/body〉
〈/html〉
```

2 다음과 같이 문서를 만들어 저장한 후 웹브라우저에서 불러와서 확인해 봅니다.

▲ 파일명 : rain.html

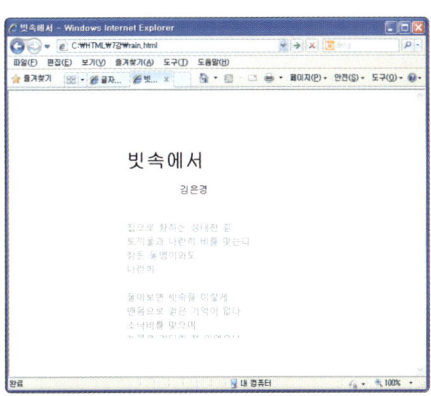

```
⟨html⟩
⟨head⟩
    ⟨title⟩빗속에서⟨/title⟩
⟨/head⟩
⟨body topmargin="100px" leftmargin="200px"⟩
⟨h1⟩빗속에서⟨/h1⟩
        
        
김은경⟨br⟩⟨br⟩⟨br⟩
⟨marquee direction="up" scrollamount="1"⟩
⟨font face="맑은 고딕" color="#999999"⟩
집으로 향하는 성내천 길 ⟨br⟩토끼풀과 나란히 비를 맞는다 ⟨br⟩
잠든 돌멩이와도 ⟨br⟩나란히 ⟨br⟩⟨br⟩

돌아보면 빗속을 이렇게  ⟨br⟩맨몸으로 걸은 기억이 없다 ⟨br⟩
소낙비를 맞으며 ⟨br⟩눈물로 기다린 적 있었으나 ⟨br⟩
불손하게도  ⟨br⟩장마의 연속이라 생각했을 뿐⟨br⟩
빗방울을 생애 단벌로 껴입은 ⟨br⟩토란잎은 아니었다⟨br⟩
황사비에도 어김없이 색을 더해가는 ⟨br⟩담쟁이 넝쿨은 아니었다⟨br⟩⟨br⟩

눈 뜬 채 비 맞는 ⟨br⟩맨몸은 매혹적이다⟨br⟩오디나무의 맨손, 사마귀의 맨발⟨br⟩
해바라기의 맨얼굴 그리고 ⟨br⟩나의 맨 처음,  ⟨br⟩
결코 회귀할 수 없는 물고기 같은 말⟨br⟩⟨br⟩

마음이 먼저 기운 어느 저녁 ⟨br⟩가랑가랑 내리는 빗속에서  ⟨br⟩
나는 지금 오롯이 맨몸 ⟨br⟩⟨br⟩

사선으로 내리는 비가 직립의 높이를 ⟨br⟩둥글게 감싼다⟨br⟩⟨br⟩
⟨/font⟩
⟨/marquee⟩
⟨/body⟩
⟨/html⟩
```

이미지 삽입하기

웹페이지에 큰 용량의 이미지를 삽입할 경우에는 인터넷 회선 속도가 늦은 경우 페이지 표현까지 시간이 많이 소요되기 때문에 이미지의 크기를 적절하게 적용해야 합니다. 웹페이지에 이미지를 삽입하는 방법을 알아봅니다.

➡➡ 이미지를 삽입하고 크기를 변경해 봅니다.

➡➡ 이미지의 설명을 달아봅니다.

➡➡ 글자에서 이미지의 위치를 설정해 보고 간격을 맞추어 봅니다.

➡➡ 글자에서 이미지를 정렬해 봅니다.

배울 내용 미리보기 ➕

C:₩HTML₩8강₩img_hspace.html - Windows Internet Explorer

C:₩HTML₩8강₩img_hspace.html

Bing

파일(F) 편집(E) 보기(V) 즐겨찾기(A) 도구(T) 도움말(H)

즐겨찾기 | 글자... | C:... ✕ | 페이지(P) ▾ 안전(S) ▾ 도구(O) ▾

여행이야기

그림과 글자사이에 간격을 설정합니다. hspace 와 vspace는 그림을 기준으로 여백이 만들어 집니다. hspace 는 그림의 좌우에 여백이 생기고, vspace는 상하에 여백이 생깁니다. h(horizontal)은 수평이고 v(vertical)는 수직을 space은 여백을 의미합니다.

완료   내 컴퓨터   100%

01 이미지 삽입하기

1 다음과 같이 문서와 태그를 입력하고, 'img.html'로 저장합니다.

```
<html>
<head>
    <title>동유럽</title>
</head>
<body>
<div align="center">
<font face="맑은 고딕" size="5">할슈타트</font>
<br><br><br>
<img src="images\wooam.jpg" alt="동유럽">
</div>
</body>
</html>
```

2 'img.html'을 웹브라우저에서 열기합니다.

1 다음과 같이 문서와 태그를 입력하고, 'img_alt.html'로 저장합니다.

```
<html>
<head>
    <title>홈페이지 이미지 넣기</title>
</head>
<body>
<img src="images\sky.jpg" alt="바다 위에 떠있는 헬기">
<img src="images\sky.jpg" width="300" height="200" alt="바다 위에 떠있는 헬기">
<img src="images\sky.jpg" width="200" height="150" alt="바다 위에 떠있는 헬기">
</body>
</html>
```

참고 하세요!

이미지에 대한 설명을 입력할 때는, 설명만으로 이미지에 대한 정보를 파악할 수 있도록 이미지에 대한 객관적인 설명을 명시해주어야 합니다.

2 'img_alt.html'을 웹브라우저에서 열기합니다.

03 글자에서 이미지 위치 설정하기

1 다음과 같이 문서와 태그를 입력하고, 'img_align.html'로 저장합니다.

```
<html>
<head>
    <title>홈페이지 이미지 넣기</title>
</head>
<body>
<img src="images/ssem.jpg" width="200px" height="150px" align="left" alt="유럽마을">
나는 그림이 왼쪽에 위치하고 오른쪽에는 문자가 들어갑니다. align은 정렬할 때 사용되며, 왼쪽에 그림이 위치하게 됩니다. 그림을 오른쪽으로 위치설정을 하려면, left 대신에 right 로 변경해 봅니다.
</body>
</html>
```

2 'img_align.html'을 웹브라우저에서 열기합니다.

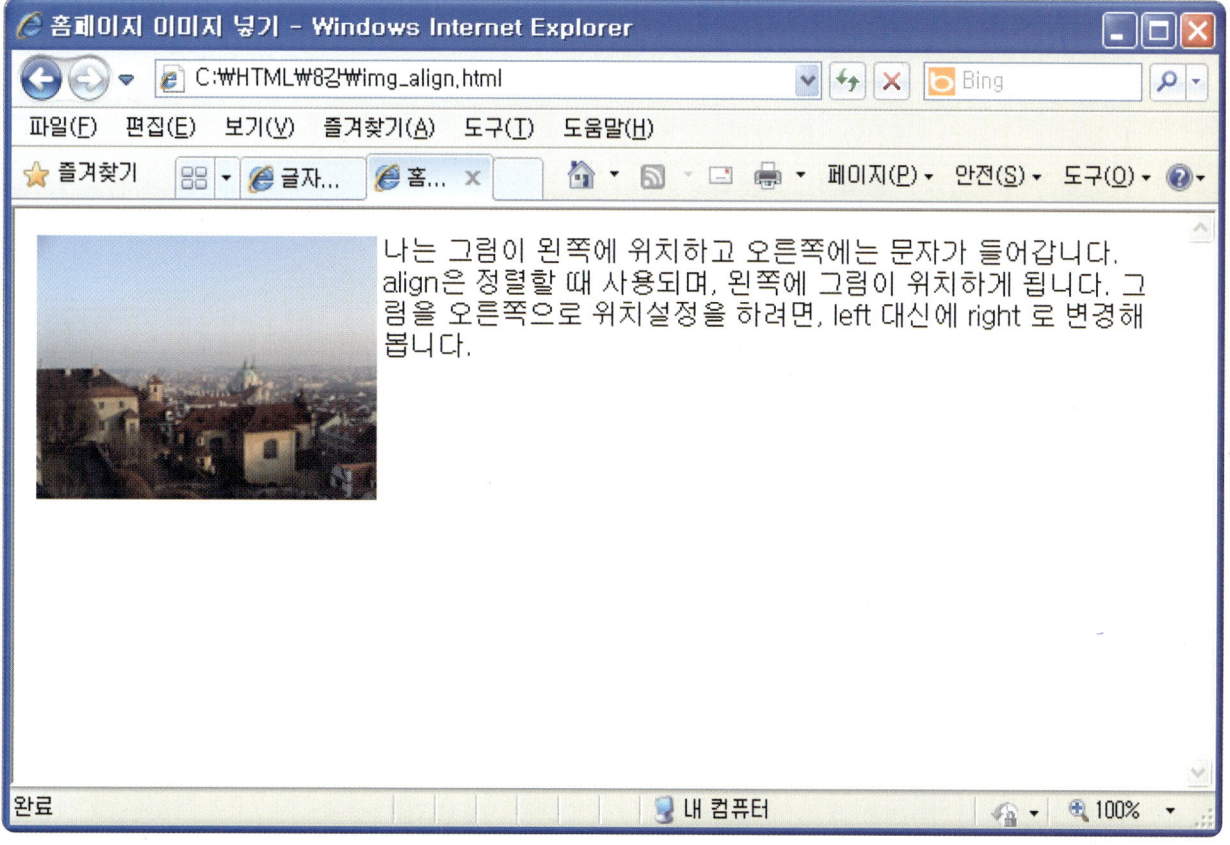

1 다음과 같이 문서와 태그를 입력하고, 'img_middle.html'로 저장합니다.

```
<html>
<head>
    <title>홈페이지 이미지 넣기</title>
</head>
<body>
<img src="images/house.jpg" width="200px" height="150px" align="middle"
alt="유럽풍 집">
align의 top으로. 지정하면 글자가 이미지의 상단을 기준으로 위치하게 됩니다. middle
는 중앙, bottom은 하단으로 위치하게 됩니다.
</body>
</html>
```

2 'img_middle.html'을 웹브라우저에서 열기합니다.

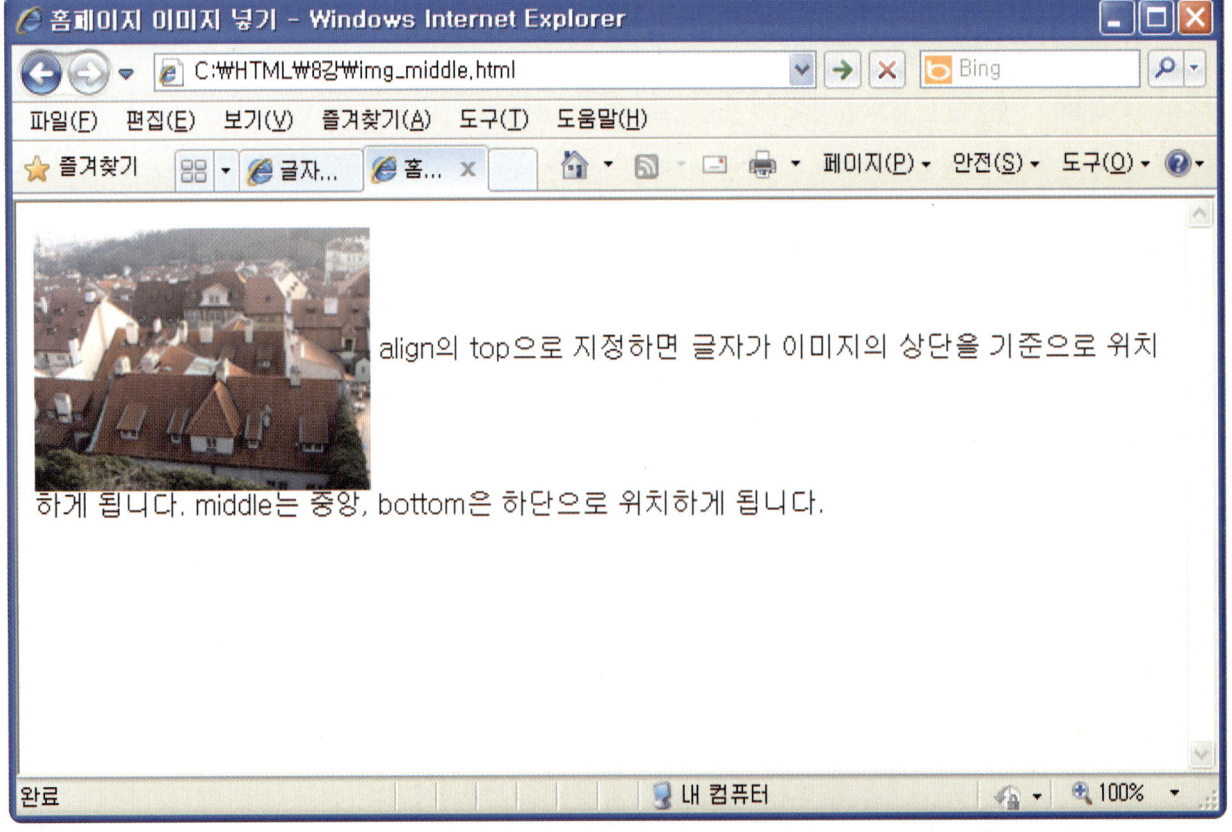

05 간격 맞추기

1 다음과 같이 문서와 태그를 입력하고, 'img_hspace.html' 로 저장합니다.

```
<html>
<head>
    <title></title>
</head>
<body>
<h1>여행이야기</h1>
<img src="images/wooam.jpg" align="left" hspace="10" vspace="10" alt="오스트
리아 할슈타트">
그림과 글자사이에 간격을 설정합니다. hspace 와 vspace는 그림을 기준으로 여백이
만들어 집니다. hspace 는 그림의 좌우에 여백이 생기고, vspace는 상하에 여백이 생
깁니다. h(horizontal)은 수평이고 v(vertical)는 수직을  space은 여백을 의미합니다.
</body>
</html>
```

2 'img_hspace.html' 을 웹브라우저에서 열기합니다.

"혼자 풀어 보세요"

1 다음과 같이 문서를 만들어 저장한 후 웹브라우저에서 불러와서 확인해 봅니다.

▲ 파일명 : img_01.html

〈힌트〉··
〈img src="" align=""
hspace="" vspace="" alt=""〉

```
〈html〉
〈head〉
    〈title〉〈/title〉
〈/head〉
〈body topmargin="100" leftmargin="100"〉
〈img src="images/01.jpg" align="right" hspace="15" vspace="5" alt="융프라우"〉
〈font face="맑은 고딕" size="4" color="#999999"〉
목   적 : 문화탐방〈br〉〈br〉
장   소 : 융프라우(스위스)〈br〉〈br〉
일   시 : 2010년 1월 1일 〈br〉〈br〉
내   용 : 〈br〉〈br〉
알프스를 찾아가는 길은 여러 갈래가 있다. 나는 가장 유명한 코스인 우선 융프라우 아래 있는
인터라켄으로 갔다. 이곳에서 하루 일정으로 융프라우를 선택했다. 더욱 깊은 산간 마을인 그린
델발트(해발 1034m)로 들어가고 싶었지만 다른 일정 때문에 내려와야 했다.  스위스 그린델발
트(Grindelwald)는 융프라우요흐 기차가 지나는 마을로 유명하다. 6월에 다시 일정을 잡아야
겠다.
〈/font〉
〈/body〉
〈/html〉
```

2 다음과 같이 문서를 만들어 저장한 후 웹브라우저에서 불러와서 확인해 봅니다.

▲ 파일명 : img_02.html

〈힌트〉‥

⟨img src=""
align="" hspace="" vspace="" alt=""⟩

```
⟨html⟩
⟨head⟩⟨title⟩⟨/title⟩
⟨/head⟩
⟨body topmargin="50" leftmargin="50"⟩
⟨p align="center" padding="300px"⟩⟨b⟩⟨font size="6"⟩블루마운틴⟨/font⟩⟨b⟩⟨/p⟩
⟨img src="images/blue.jpg" align="left" hspace="15" vspace="5" alt="원주민"⟩
⟨img src="images/girl.jpg" width="200" height="150" align="right" hspace="15"
vspace="5" alt="세 자매봉"⟩
⟨font face="맑은 고딕" size="4" color="#999999"⟩
⟨p align="center"⟩세자매봉⟨/p⟩
왼쪽 그림은 블루마운틴에서 원주민의 악기 연주모습이다. 소리가 무척 웅장하다고나 할
까? …. 잠시  감상을 하고 세자매봉으로 향했다. ⟨br⟩ 다음은 세자매봉에 관한 전설이다.
⟨br⟩ 에코포인트에 아름다운 세자매가 살고 있었는데, 이들 자매에대한 이야기를 들은 마
왕이 세자매를 자기의 것으로 만들려고 음모를 꾸몄다고 한다. 이 이야기를 전해들은 세자
매는 주술사를 찾아가 마왕의 것이 되지 않기 위해 잠깐동안만 바위로 변하게 해달라고
부탁하였다 .  주술사는 이들 세자매의 간청을 받아들여 세개의 바위로 만들어 주었지만,
이 사실을 알게된 마왕은 주술사를 죽여버렸다. 그래서 세자매는 원래의 모습으로 돌아오
지 못한채 현재까지 바위로 남았다는 전설이 전해 내려온다.
⟨/font⟩⟨/body⟩
⟨/html⟩
```

멀티미디어로 꾸며보기

웹페이지에 음악이나 동영상, 플래시 등의 멀티미디어 파일을 삽입해보고 제어하는 방법에 대해 알아봅니다.

>> 배경에 음악을 삽입해 봅니다.

>> 동영상을 삽입해 보고 제어하는 방법에 대해 알아봅니다.

>> 플래시를 삽입하는 방법을 알아봅니다.

배울 내용 미리보기 +

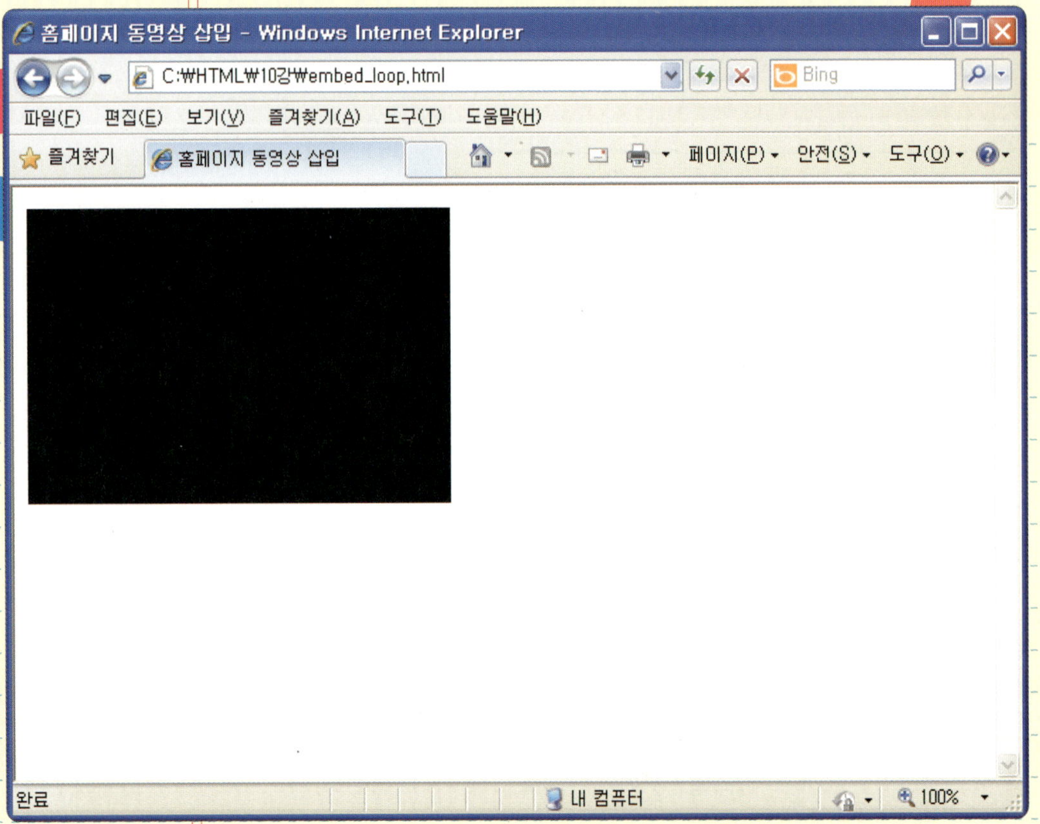

01 배경에 음악 넣기

bgsound는 익스플로러에서 사용됩니다. loop="숫자"로 지정해서 지정한 숫자만큼 배경음악을 반복 재생합니다. loop="infinite" 는 무한반복 재생합니다. 넷스케이프에서는 embed를 사용하며 배경음악에서 사용할 경우에는 hidden 으로 플레이어를 가려줍니다.

1 다음과 같이 문서와 태그를 입력하고, 'embed-hidden.html' 로 저장합니다.

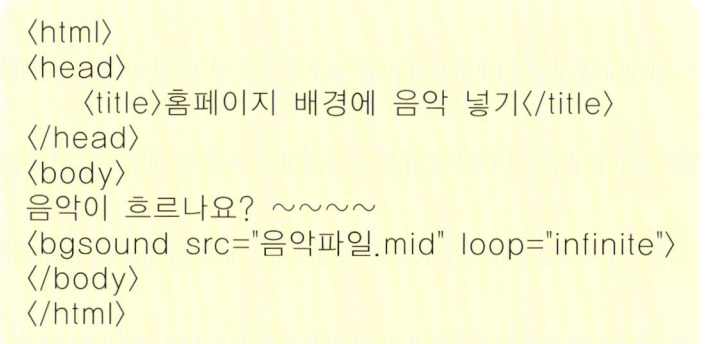

```
〈html〉
〈head〉
    〈title〉홈페이지 배경에 음악 넣기〈/title〉
〈/head〉
〈body〉
음악이 흐르나요? ~~~~
〈bgsound src="음악파일.mid" loop="infinite"〉
〈/body〉
〈/html〉
```

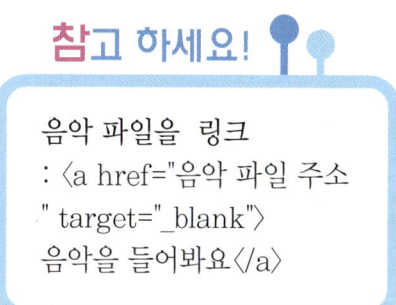

참고 하세요!

음악 파일을 링크
: 〈a href="음악 파일 주소" target="_blank"〉
음악을 들어봐요〈/a〉

2 'embed-hidden.html' 을 웹브라우저에서 열면 배경 음악이 나옵니다.

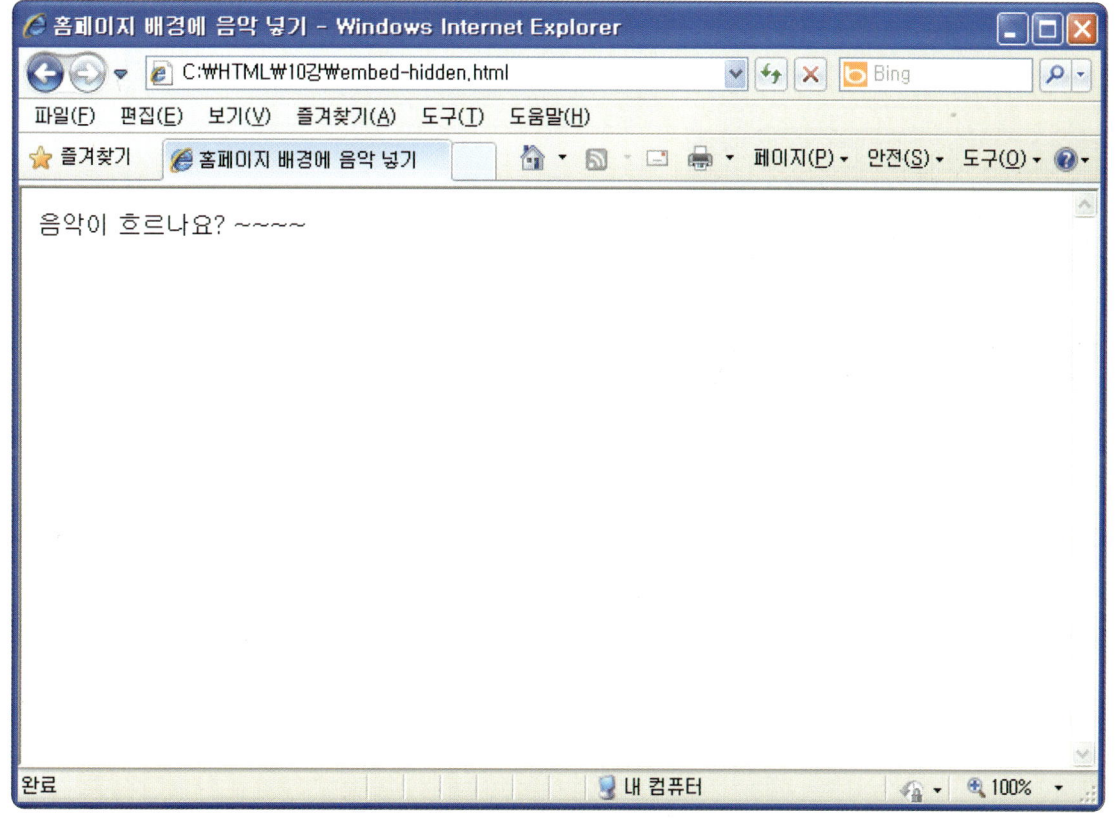

bgsound 태그는 배경으로만 사용되지만, embed 태그는 배경 음악과 동영상이나 플래시 파일을 보여 줄 때에도 사용됩니다.

1 다음과 같이 문서와 태그를 입력하고, 'embed.html'로 저장합니다.

```
<html>
<head>
    <title>홈페이지 동영상 삽입</title>
</head>
<body>
<embed src="water.avi"></embed>
</body>
</html>
```

2 'embed.html'을 웹브라우저에서 열기합니다.

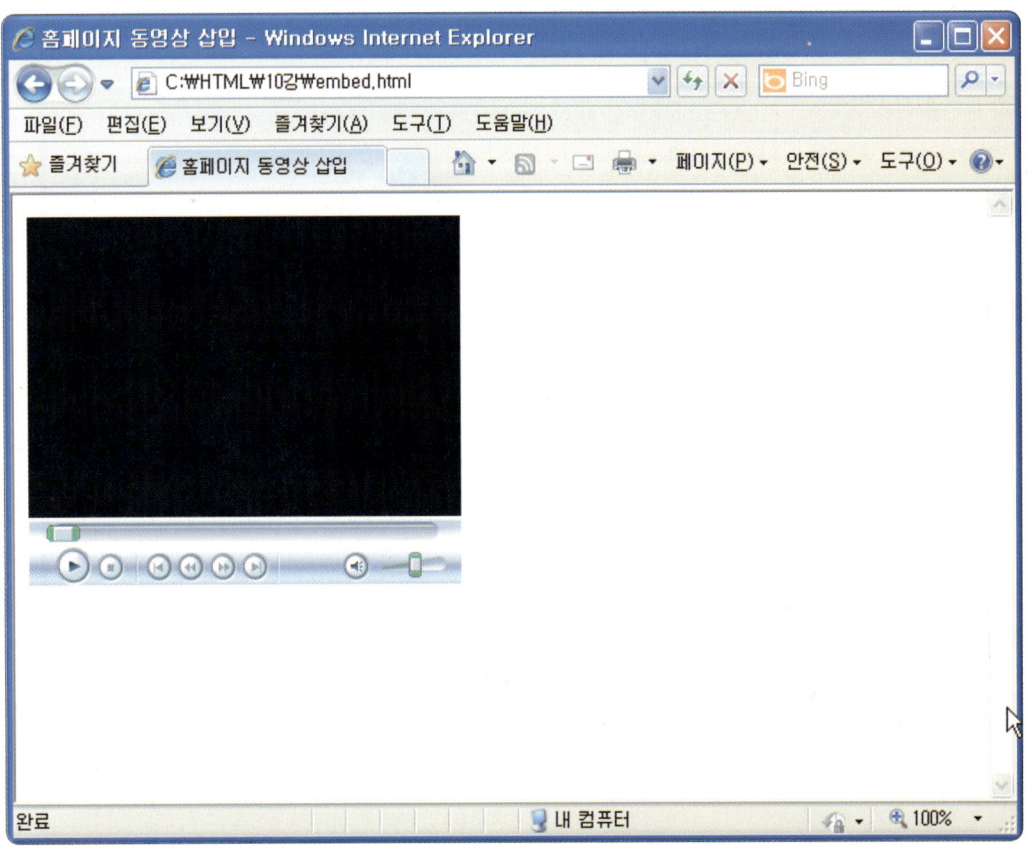

03 동영상 제어하기

1 'embed.html'을 웹브라우저에서 열기해서 수정한 후 'embed_loop.html'로 저장합니다.

```
〈html〉
〈head〉
    〈title〉홈페이지 동영상 삽입〈/title〉
〈/head〉
〈body〉
〈embed src="images/water.avi" loop="2" showcontrols="false"〉〈/embed〉
〈/body〉
〈/html〉
```

2 'embed_loop.html'을 웹브라우저에서 열기합니다. 컨트롤바는 숨겨져 있으며, 동영상이 2회 재생된 후에 멈추게 됩니다.

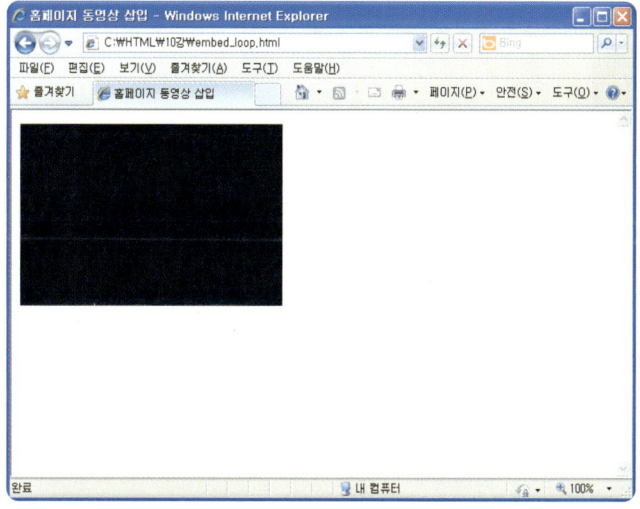

참고 하세요!

embed 속성

속성	설명
autostart="true/false"	true(로딩되면서 자동 실행) / false
hidden="true/false"	ture(플레이어 보이지 않음) / false(플레이어 보임)
loop="true/false/숫자"	true : 무한 반복 / false(한번만 반복) / 숫자(숫자만큼 반복)-1 (무한반복)
width="수치" height="수치"	플레이어의 너비와 높이를 설정
showstatusbar="true/false"	플레이어의 상태바를 표시하거나 숨김
showcontrols="true/false"	플레이어의 컨트롤바를 표시하거나 숨김
showaudiocontrols="true/false"	플레이어의 볼륨 컨트롤을 표시하거나 숨김
showtrackerr="true/false"	플레이어의 트랙바를 표시하거나 숨김
volume="숫자"	볼륨을 1-100까지 조절할 수 있음

"혼자 풀어 보세요"

1 다음과 같이 문서를 만들어 저장한 후 웹브라우저에서 불러와서 확인해 봅니다.

▲ 파일명 : bo.html

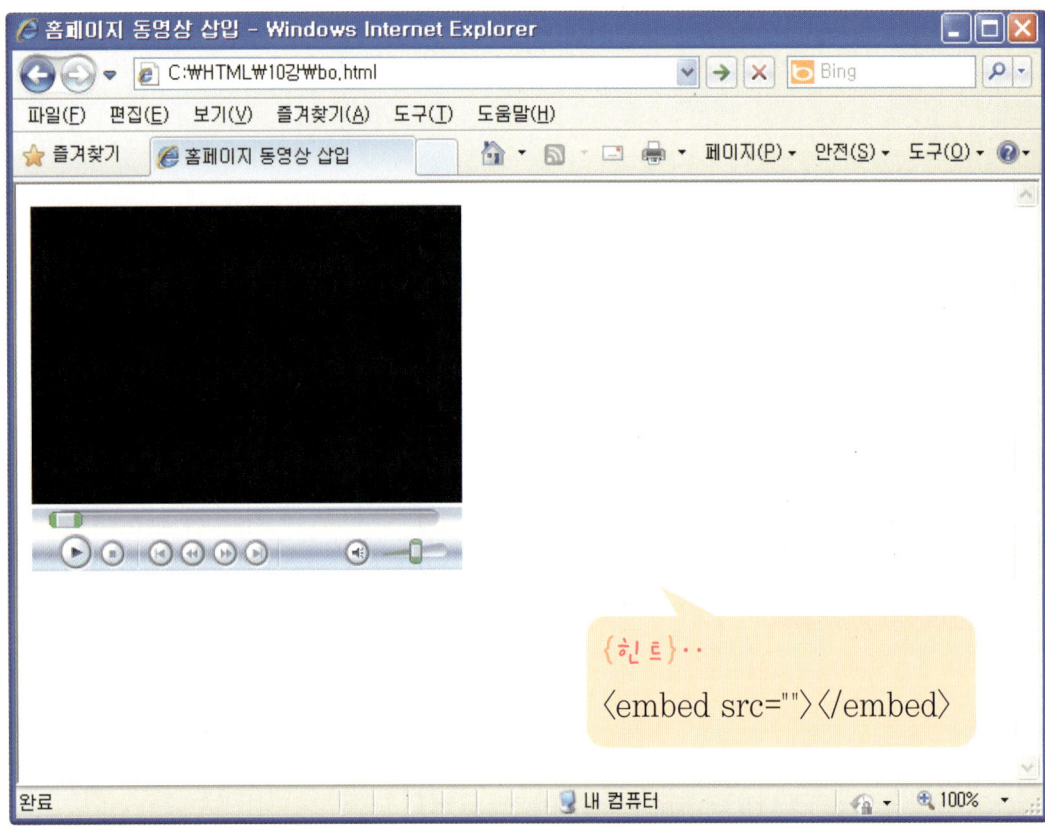

```
<html>
<head>
    <title>홈페이지 동영상 삽입</title>
</head>
<body>
<embed src="images/water.avi"></embed>
</body>
</html>
```

2 다음과 같이 문서를 만들어 저장한 후 웹브라우저에서 불러와서 확인해 봅니다.

▲ 파일명 : ba.html

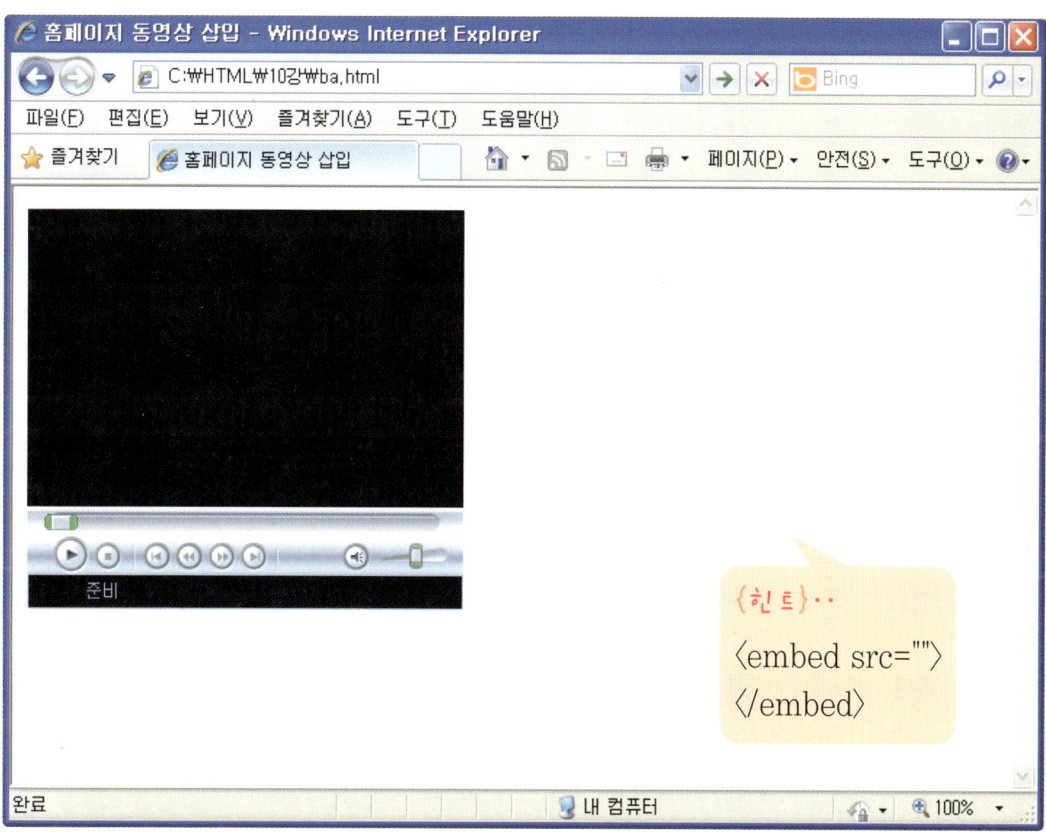

〈힌트〉‥

〈embed src=""〉
〈/embed〉

```
〈html〉
〈head〉
    〈title〉홈페이지 동영상 삽입〈/title〉
〈/head〉
〈body〉
〈embed src="images/water.avi" loop="2" controllor="true"
showstatusbar="true"
    showaudiocontrols="true" showtrackerr="true"〉〈/embed〉
〈/body〉
〈/html〉
```

문서에 하이퍼링크 걸기

웹페이지 상에서 특정 문자, 이미지 등을 마우스로 선택하면 지정된 웹페이지로 이동하게 할 수 있습니다. 문자나 이미지에 지정된 웹페이지로 이동할 수 있게 하이퍼링크를 적용해 봅니다.

➡➡ 웹사이트로 이동해 봅니다.

➡➡ 전자 우편으로 이동해 봅니다.

배울 내용 미리보기 ➕

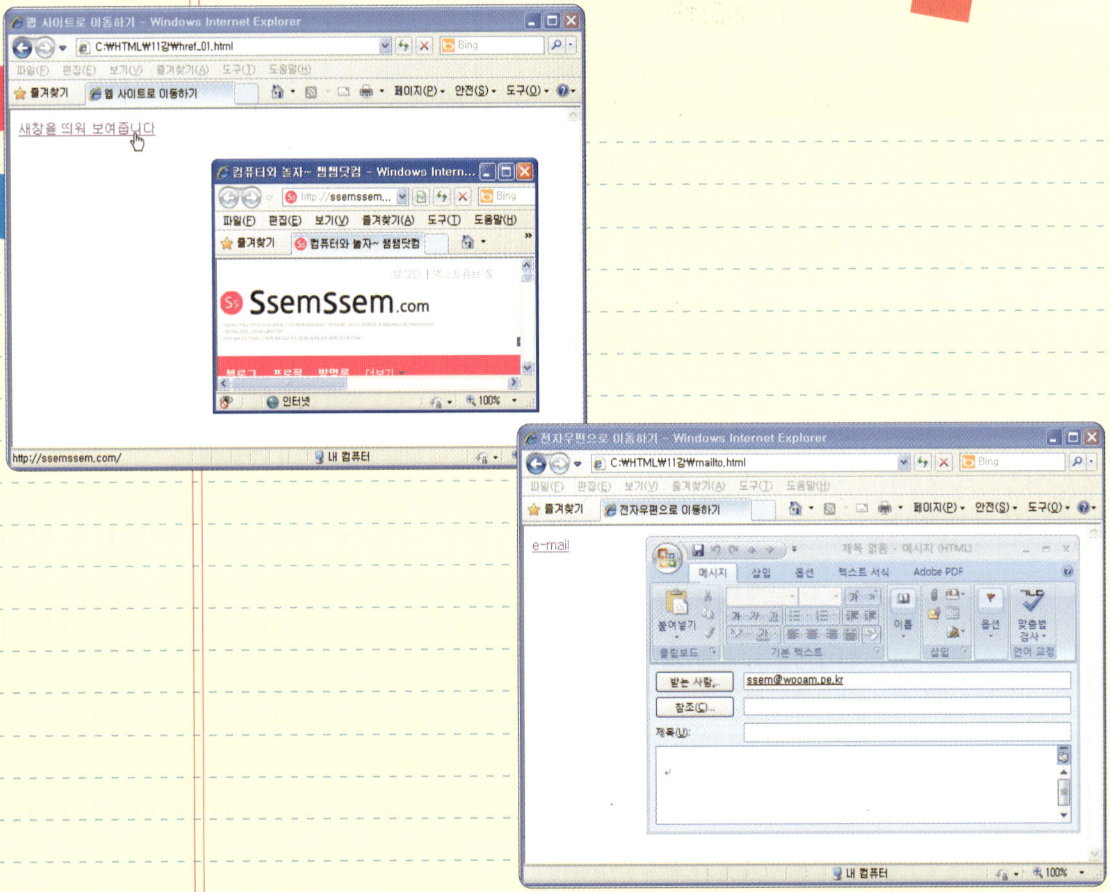

웹사이트로 이동하기

1 다음과 같이 문서와 태그를 입력하고, 'href_01.html' 로 저장합니다.

```
<html>
<head>
    <title>웹 사이트로 이동하기</title>
</head>
<body>
<a href="http://ssemssem.com" target="_blank">새창을 띄워 보여줍니다</a>
</body>
</html>
```

2 'href-01.html' 을 웹브라우저에서 열기합니다.

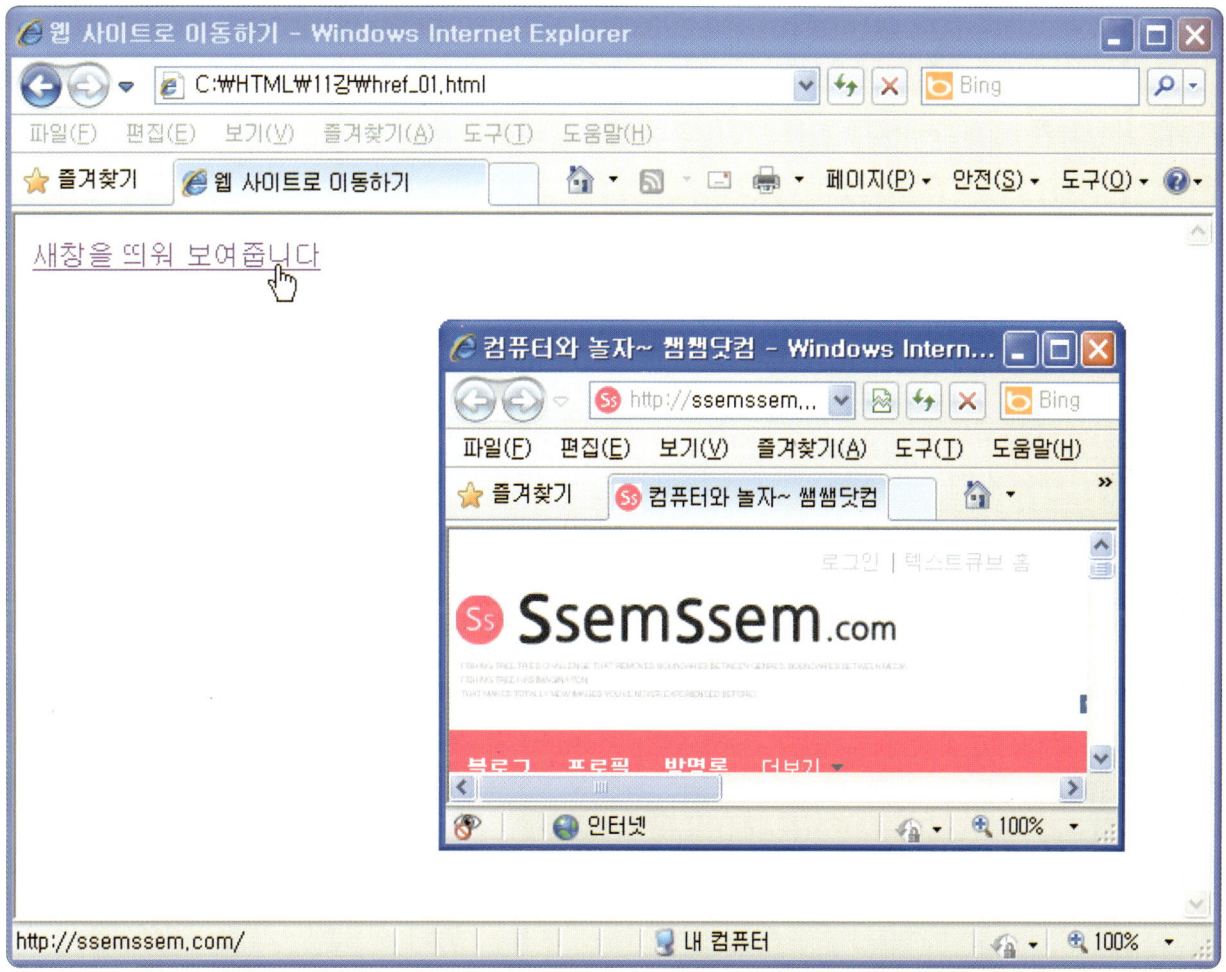

02 전자우편으로 이동하기

1 다음과 같이 문서와 태그를 입력하고, 'mailto.html'로 저장합니다.

```html
<html>
<head>
    <title>전자우편으로 이동하기</title>
</head>
<body>
<a href="mailto:ssem@wooam.pe.kr">e-mail</a>
</body>
</html>
```

2 'mailto.html'을 웹브라우저에서 열기합니다.

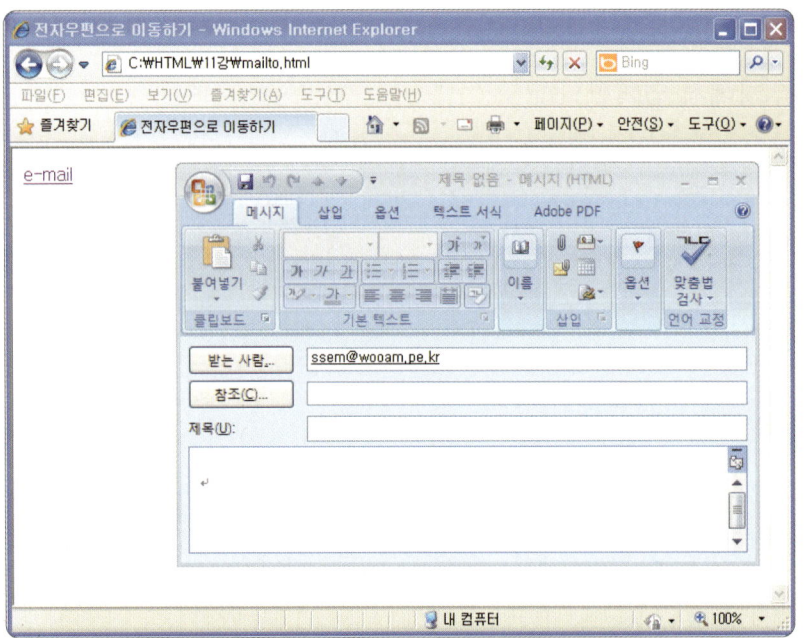

 참고 하세요!

이미지맵(이미지의 특정한 부분에 링크를 설정할 수 있습니다)

```html
<img src="이미지 파일명" usemap="#이름" alt="이미지 설명">
<map name="이름">
 <area>
 <area>
</map>
```

"혼자 풀어 보세요"

1 다음과 같이 문서를 만들어 저장한 후 웹브라우저에서 불러와서 확인해 봅니다.

▲ 파일명 : href_02.html

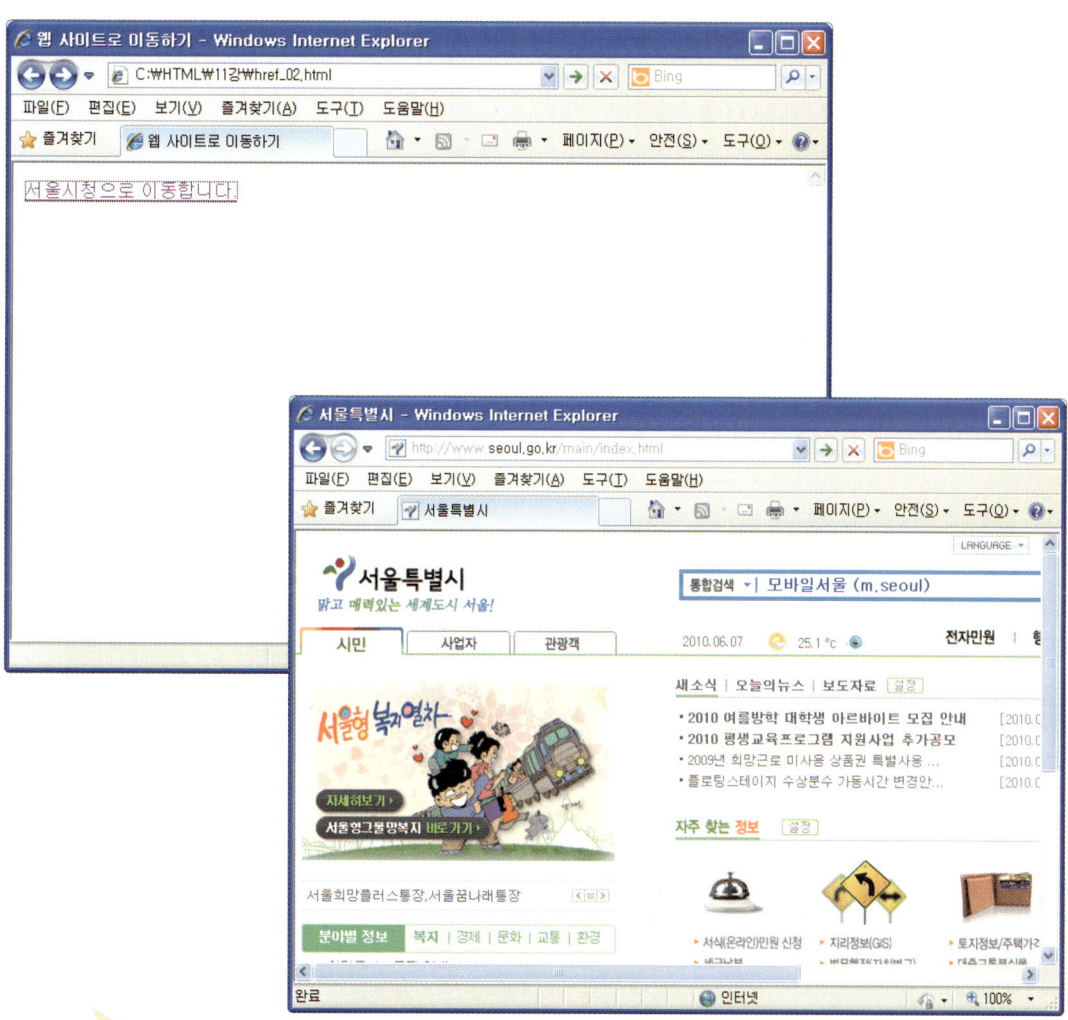

〈힌트〉‥〈a href="사이트 주소"〉여기클릭〈/a〉

```
〈html〉
〈head〉
    〈title〉웹 사이트로 이동하기〈/title〉
〈/head〉
〈body〉
〈a href="http://www.seoul.go.kr"〉서울시청으로 이동합니다.〈/a〉
〈/body〉
〈/html〉
```

같은 문서 내에서 다른 위치로 이동하기

12

웹문서를 작성할 때 많은 내용을 입력한 경우 문서의 특정 위치로 쉽게 찾아가게 하기위해 문서의 특정 위치에 표시를 해 두고 하이퍼링크로 연결하면 이동하기가 쉬워집니다. 한 문서 내에서 책갈피와 같이 지정한 위치로 찾아갈 수 있게 표시를 하고 이동하는 방법에 대해 알아봅니다.

⟫ 웹페이지에 문서의 특정 위치에 책갈피를 표시해 봅니다.

⟫ 같은 웹문서에 링크를 걸어 봅니다.

배울 내용 미리보기 ✚

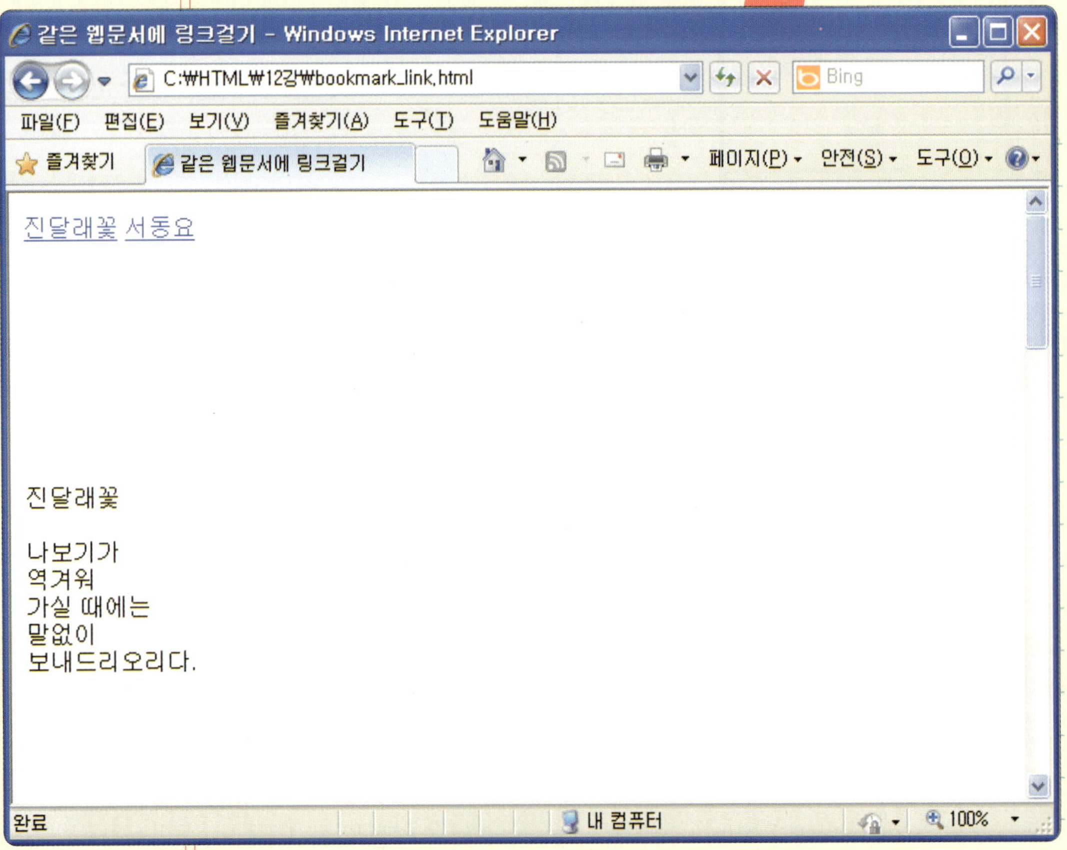

같은 웹문서에 링크걸기 - Windows Internet Explorer

C:\HTML\12강\bookmark_link.html

Bing

파일(F) 편집(E) 보기(V) 즐겨찾기(A) 도구(T) 도움말(H)

☆ 즐겨찾기   같은 웹문서에 링크걸기

페이지(P) ▾ 안전(S) ▾ 도구(O) ▾

진달래꽃 서동요

진달래꽃

나보기가
역겨워
가실 때에는
말없이
보내드리오리다.

완료   내 컴퓨터   100%

01

책갈피 넣기

1 다음과 같이 문서와 태그를 입력하고, 'bookmark.html'로 저장합니다.

```
<html>
<head>
    <title>같은 웹문서에 링크걸기</title>
</head>
<body>
진달래꽃
서동요
<br><br><br><br><br>
<p style="padding-bottom:600px;">
<a name="1">진달래꽃</a><br>
<br>
나보기가 <br>
역겨워<br>
가실 때에는 <br>
말없이<br>
보내드리오리다.<br>
</p>
<p style="padding-bottom:600px;">
<a name="2">서동요</a><br>
<br>
선화 공주님은<br>
남 몰래 결혼하고<br>
맛둥서방을<br>
밤에 몰래 안고 가다.<br>
</p>
</body>
</html>
```

참고 하세요!

<p> 태그를 이용해 여백을 줄 수 있습니다. padding 속성은 내부여백, margin 속성은 외부 여백이며 top, right, bottom, left 속성을 각각 따로 주는 것도 가능합니다.

 예 <p style="padding-top:10px;"></p>

2 'bookmark.html'을 웹브라우저에서 열기합니다.

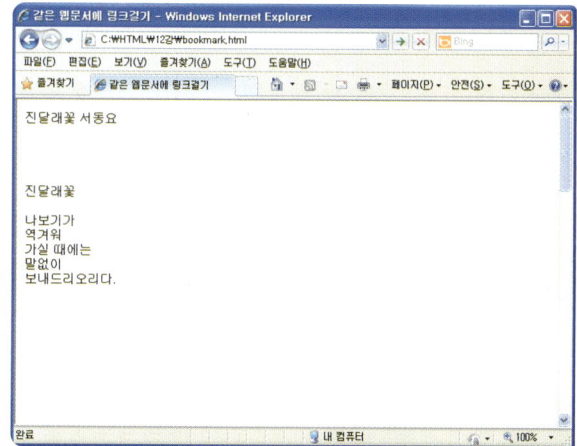

1 'bookmark_link.html' 를 열고 다음과 같이 링크를 걸어 봅니다.

```
<html>
<head>
    <title>같은 웹문서에 링크걸기</title>
</head>
<body>

<p style="padding-bottom:50px;">
<a href="#1">진달래꽃</a>
<a href="#2">서동요</a>
</p>


<p style="padding-bottom:600px;">
<a name="1">진달래꽃</a><br>
아래 생략 ...

</body>
</html>
```

2 'bookmark_link.html' 을 웹브라우저에서 열기합니다. 진달래꽃과 서동요를 클릭해서 책갈피로 이동이 되는지 확인해 봅니다.

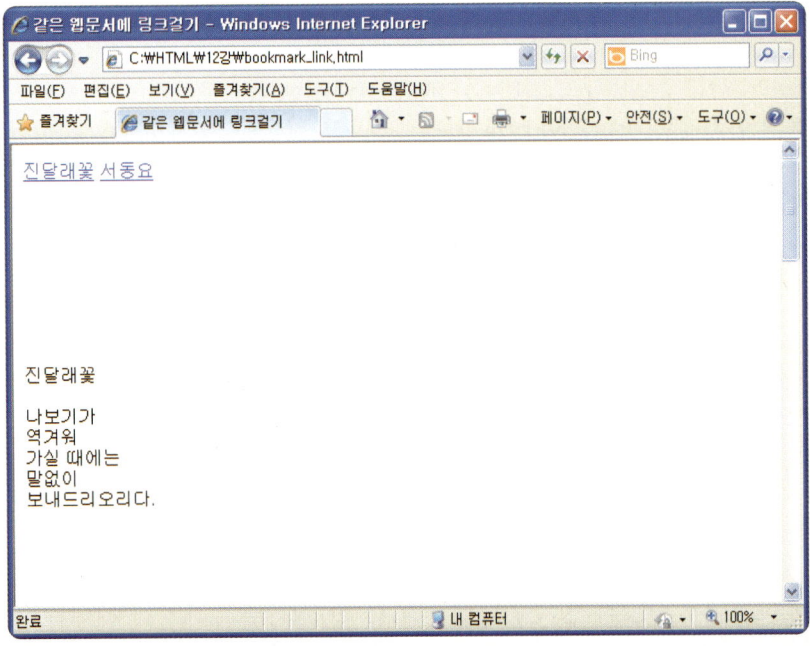

"혼자 풀어 보세요"

1 다음과 같이 문서를 만들어 저장한 후 웹브라우저에서 불러와서 확인해 봅니다.

▲ 파일명 : rice_cake.html

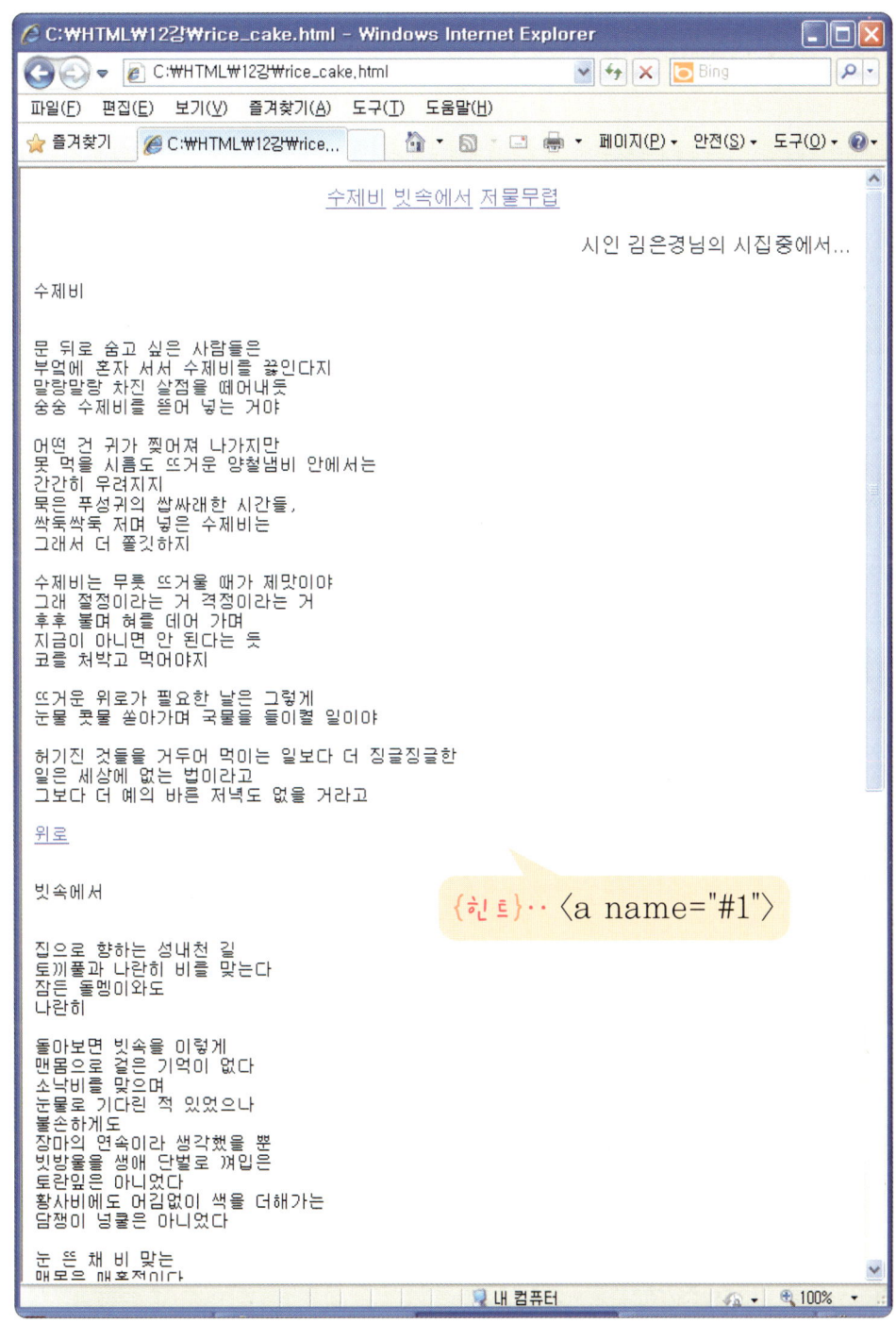

{힌트}‥⟨a name="#1"⟩

```
<html>
<body><a name="#top"></a>
<p align="center">
<a href="#1">수제비</a> <a href="#2">빗속에서 </a><a href="#3">저물무렵 </a></p>
<p align="right">시인 김은경님의 시집중에서...</p>
<pre><a name="#1">수제비</a>
```

문 뒤로 숨고 싶은 사람들은
부엌에 혼자 서서 수제비를 끓인다지
말랑말랑 차진 살점을 떼어내듯
숭숭 수제비를 뜯어 넣는 거야

어떤 건 귀가 찢어져 나가지만
못 먹을 시름도 뜨거운 양철냄비 안에서는
간간히 우려지지
묵은 푸성귀의 쌉싸래한 시간들,
싹둑싹둑 저며 넣은 수제비는
그래서 더 쫄깃하지

수제비는 무릇 뜨거울 때가 제맛이야
그래 절정이라는 거 격정이라는 거
후후 불며 혀를 데어 가며
지금이 아니면 안 된다는 듯
코를 처박고 먹어야지

뜨거운 위로가 필요한 날은 그렇게
눈물 콧물 쏟아가며 국물을 들이켤 일이야

허기진 것들을 거두어 먹이는 일보다 더 징글징글한
일은 세상에 없는 법이라고
그보다 더 예의 바른 저녁도 없을 거라고

```
<a href="#top">위로</a>


<a name="#2">빗속에서</a>
```

집으로 향하는 성내천 길
토끼풀과 나란히 비를 맞는다
잠든 돌멩이와도
나란히

돌아보면 빗속을 이렇게
맨몸으로 걸은 기억이 없다
소낙비를 맞으며
눈물로 기다린 적 있었으나
불손하게도
장마의 연속이라 생각했을 뿐
빗방울을 생애 단벌로 껴입은
토란잎은 아니었다
황사비에도 어김없이 색을 더해가는
담쟁이 넝쿨은 아니었다

눈 뜬 채 비 맞는
맨몸은 매혹적이다
오디나무의 맨손, 사마귀의 맨발
해바라기의 맨얼굴 그리고
나의 맨 처음,
결코 회귀할 수 없는 물고기 같은 말

마음이 먼저 기운 어느 저녁
가랑가랑 내리는 빗속에서
나는 지금 오롯이 맨몸

사선으로 내리는 비가 직립의 높이를
둥글게 감싼다

〈a href="#top"〉위로〈/a〉

〈a name="#3"〉저물 무렵〈/a〉

삐걱이는 툇마루 한켠엔
고장 나 지직거리던 팔십년대의 라디오가 있다
나는 울퉁불퉁한 바람 맞으며 마루에 서서
얼굴도 잘 모르는 가수들의 노래를 혼자 부르곤 했다
오래된 수레처럼 길바닥에 주저앉아 울고 싶을 때
먼저 손목을 붙잡는,
동백아가씨도 좋고 이별의 부산정거장
굳세어라 금순아도 곧잘 뽑아내곤 했다
나는 그때 처음으로 울지 않고 견디는 법을 알았는지
노래는 불러도 끝이 없고
신기하게도 딸꾹질 같은 울음이 그치곤 했다
저녁닭이 울고 분꽃들 손 저으며 돌아가도
끝이 없던 그 노래, 사랑 사랑 누가 말했나 맹랑하게도 잘 부르던
그 노래
석양 무렵
밥 짓는 냄새처럼 달콤한 슬픔이 모락모락 피어오르고
그러면 내 노래도 길 따라 멀리멀리
퍼져나가던 그때
아무도 가르쳐주지 않았지만
눈물 없이 견디는 법을 나는 그 무렵 터득했다
지금도 귀갓길 모퉁이에 서서
혼자 부르는 그때 그 노래
어두운 골목에서 불현듯 나를 부르며
푸드득 날아오르는 지빠귀 같은 그 노래

〈a href="#top"〉위로〈/a〉
〈/pre〉
〈/body〉
〈/html〉

13 표 만들기 Ⅰ

웹페이지상의 표는 다양한 내용을 일목요연하게 나누어 정리하기 위한 것입니다.
표를 삽입해보고 디자인하는 방법에 대해 알아봅니다.

➤➤ 표를 그려 봅니다.
➤➤ 표에 제목을 달아봅니다.

배울 내용 미리보기 ➕

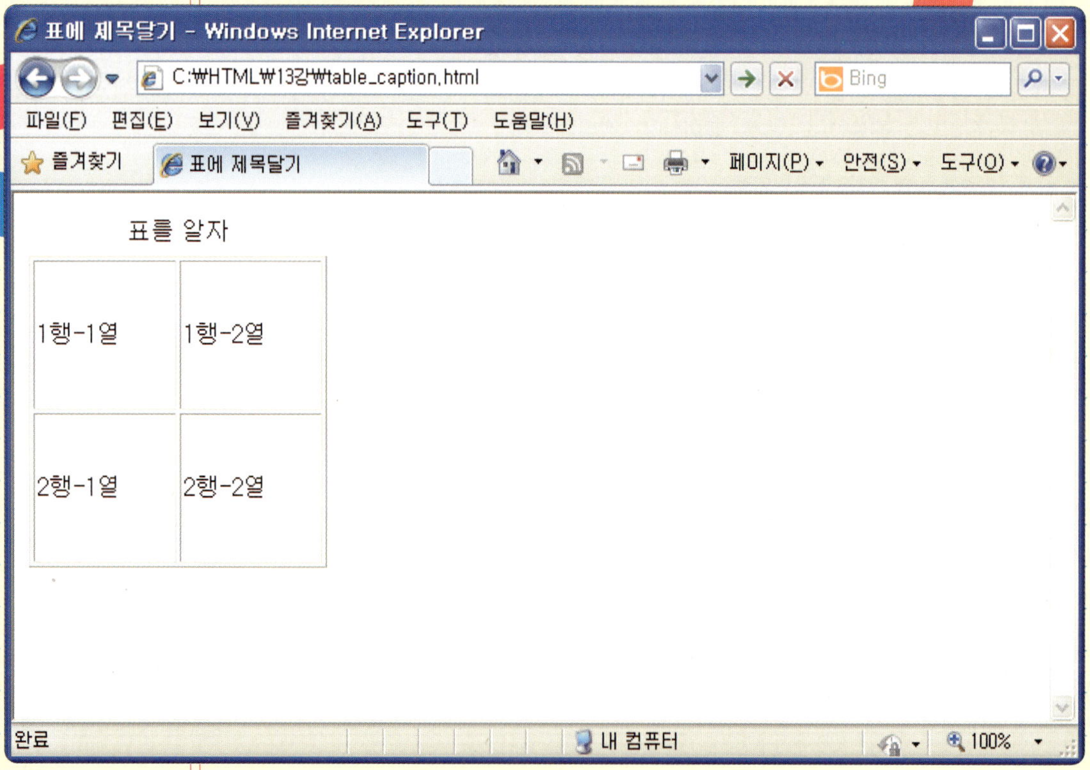

표를 알자

1행-1열	1행-2열
2행-1열	2행-2열

01 표 그리기

1 다음과 같이 문서와 태그를 입력하고, 'table.html'로 저장합니다.

```
<html>
<head>
    <title>표 그리기</title>
</head>
<body>
<table border="1" width="200" height="200">
 <tr>
    <td>1행-1열</td>
    <td>1행-2열</td>
 </tr>
 <tr>
    <td>2행-1열</td>
    <td>2행-2열</td>
 </tr>
</table>
</body>
</html>
```

2 'table.html'을 웹브라우저에서 열기합니다.

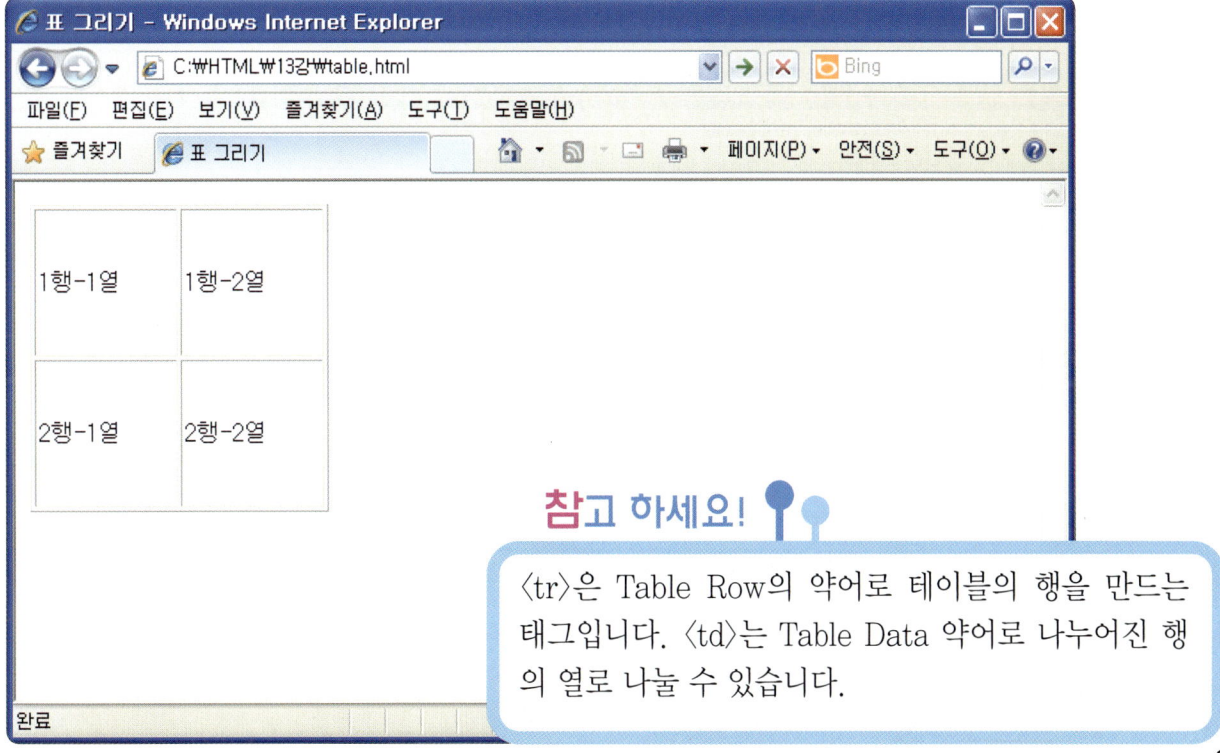

참고 하세요!

〈tr〉은 Table Row의 약어로 테이블의 행을 만드는 태그입니다. 〈td〉는 Table Data 약어로 나누어진 행의 열로 나눌 수 있습니다.

1 'table.html'을 열기 한 후 다음과 같이 수정한 후, 'table_caption.html'으로 다른 이름으로 저장합니다.

```
<html>
<head>
    <title>표에 제목달기</title>
</head>
<body>
<table border="1" width="200" height="200">
<caption>표를 알자</caption>
 <tr>
    <td>1행-1열</td>
    <td>1행-2열</td>
 </tr>
 <tr>
    <td>2행-1열</td>
    <td>2행-2열</td>
 </tr>
</table>
</body>
</html>
```

2 'table_caption.html'을 웹브라우저에서 열기합니다.

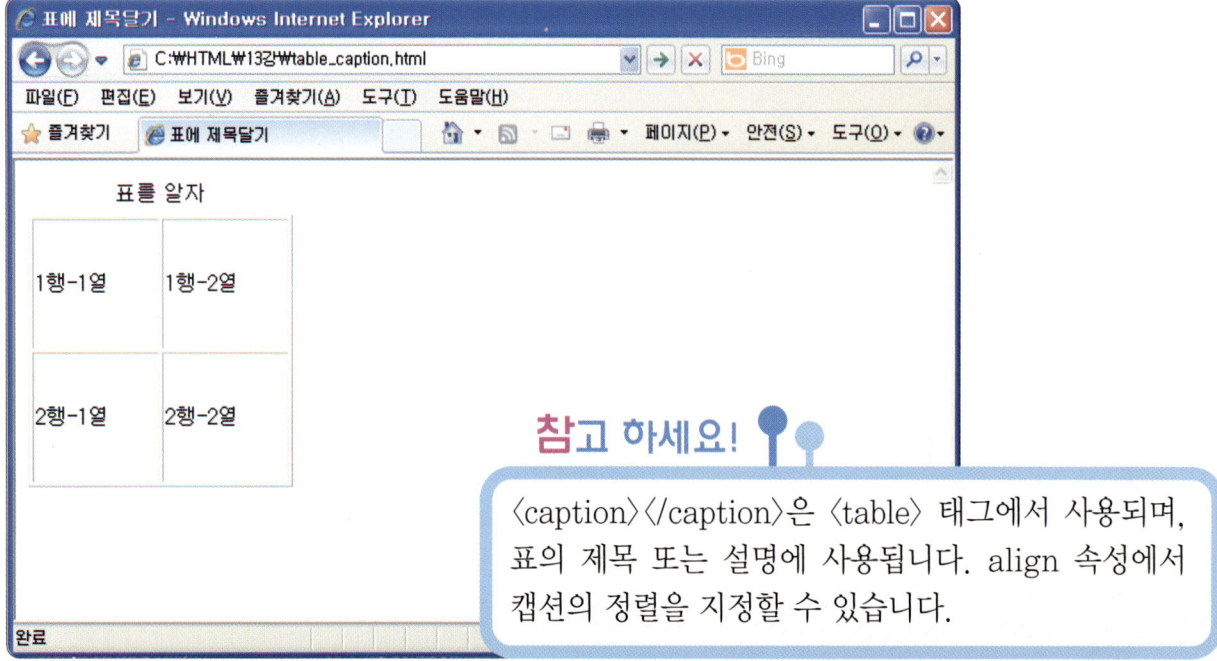

참고 하세요!

〈caption〉〈/caption〉은 〈table〉 태그에서 사용되며, 표의 제목 또는 설명에 사용됩니다. align 속성에서 캡션의 정렬을 지정할 수 있습니다.

"혼자 풀어 보세요"

1 다음과 같이 문서를 만들어 저장한 후 웹브라우저에서 불러와서 확인해 봅니다.

▲ 파일명 : table1.html

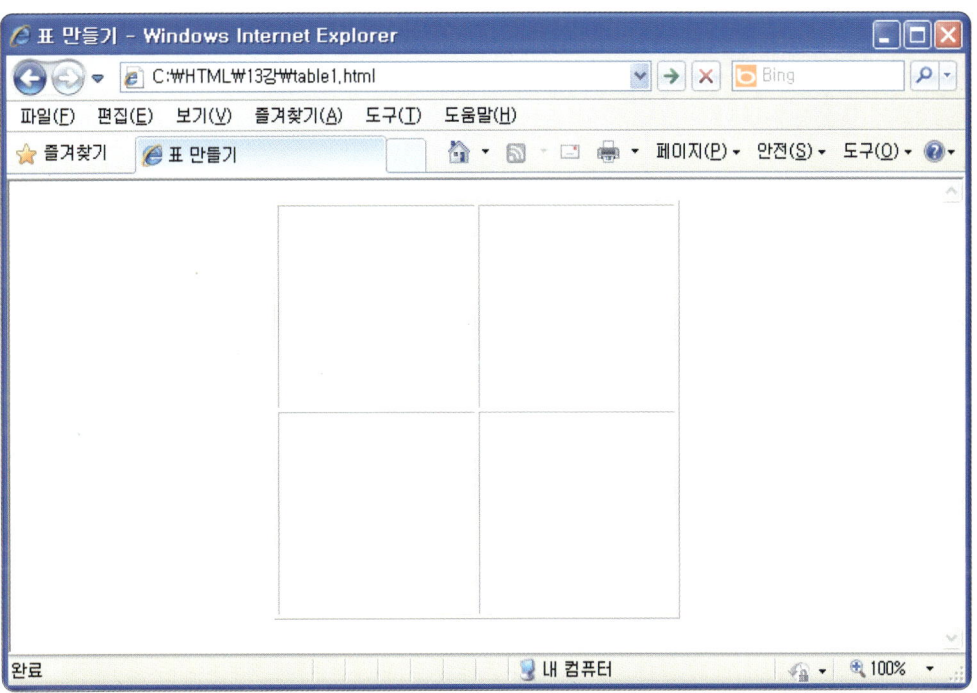

{힌트}‥

```
<table border="1"
width="300" height="300">
```

```
<html>
<head>
    <title>표 만들기</title>
</head>
<body>
<table border="1" width="300" height="300" align="center">
<tr>
    <td> </td>
    <td> </td>
</tr>
<tr>
    <td> </td>
    <td> </td>
</tr>
</table>
</body>
</html>
```

"혼자 풀어 보세요"

2 다음과 같이 문서를 만들어 저장한 후 웹브라우저에서 불러와서 확인해 봅니다.

▲ 파일명 : table2.html

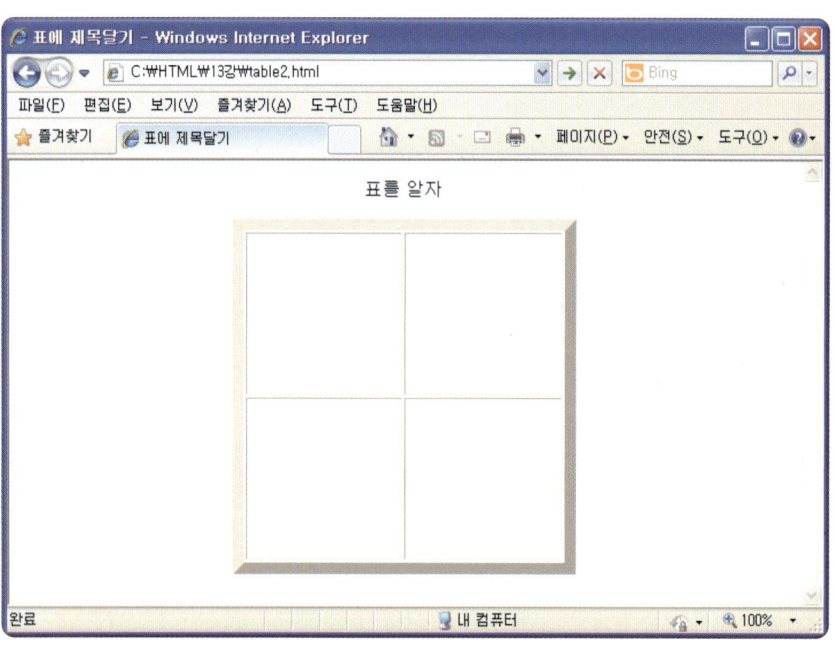

```
<html>
<head>
    <title>표에 제목달기</title>
</head>
<body>

<table border="10" width="300" height="300" align="center">
<caption>표를 알자</caption>
 <tr>
    <td> </td>
    <td> </td>
 </tr>
 <tr>
    <td> </td>
    <td> </td>
 </tr>
</table>
</body>
</html>
```

《힌트》‥
〈caption〉표를 알자〈/caption〉

3 다음과 같이 문서를 만들어 저장한 후 웹브라우저에서 불러와서 확인해 봅니다.

▲ 파일명 : table3.html

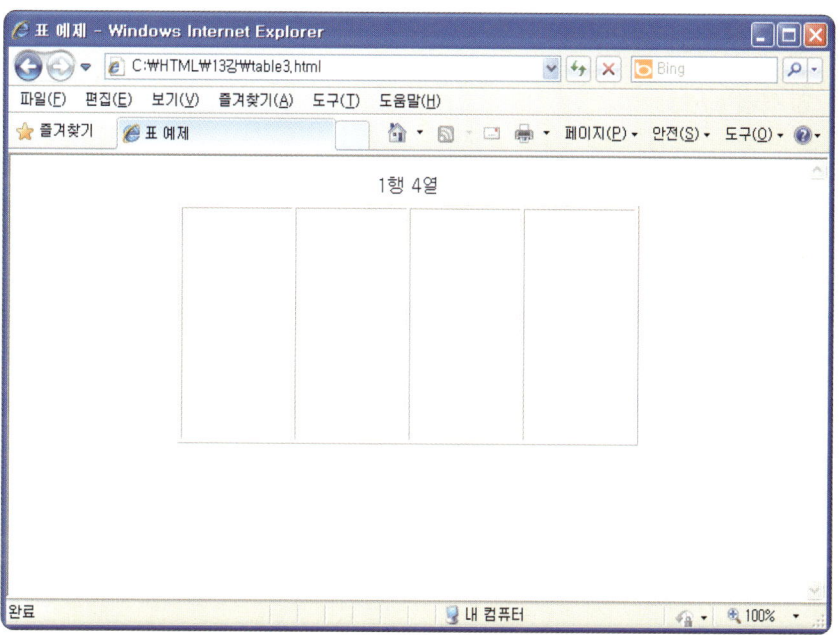

```
<html>
<head>
    <title>표 예제</title>
</head>
<body>

<table border="1" width="400" height="200" align="center">
<caption>1행 4열</caption>
 <tr>
    <td> </td>
    <td> </td>
    <td> </td>
    <td> </td>
 </tr>
</table>
</body>
</html>
```

표 만들기 II

셀은 표 안에서 각각 구분되어 있는 공간입니다. 셀 안에서의 정렬 방법과 이를
병합해보고, 표의 여러 가지 속성 방법에 대해 알아봅니다.

▶▶ 셀 안에서 정렬해 봅니다.

▶▶ 셀을 합쳐봅니다.

배울 내용 미리보기 ➕

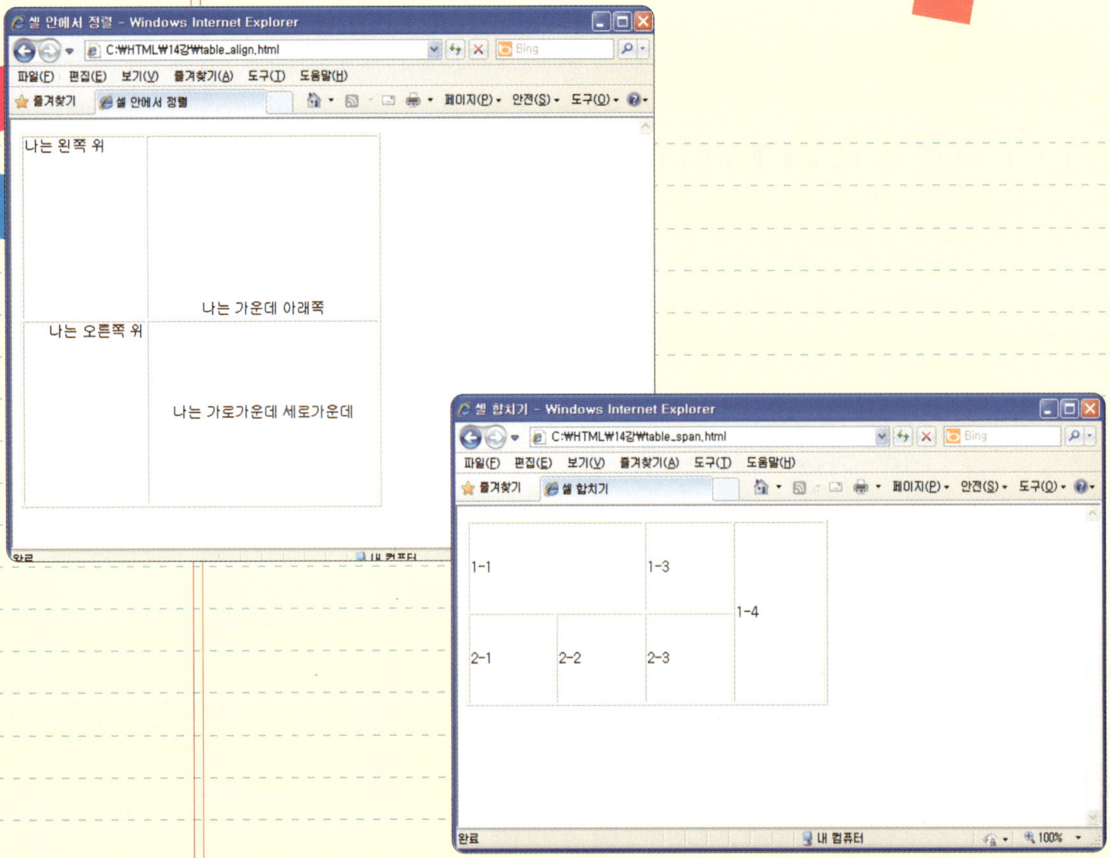

01 셀 안에서 정렬하기

1 다음과 같이 문서와 태그를 입력하고, 'table_align.html'로 저장합니다.

```
<html>
<head>
    <title>셀 안에서 정렬</title>
</head>
<body>
<table border="1" width="400" height="400">
 <tr>
    <td align="left" valign="top">나는 왼쪽 위</td>
    <td align="center" valign="bottom">나는 가운데 아래쪽</td>
 </tr>
 <tr>
    <td align="right" valign="top">나는 오른쪽 위</td>
    <td align="center" valign="middle">나는 가로가운데 세로가운데</td>
 </tr>
</table>
</body>
</html>
```

2 'table_align.html'을 웹브라우저에서 열기합니다.

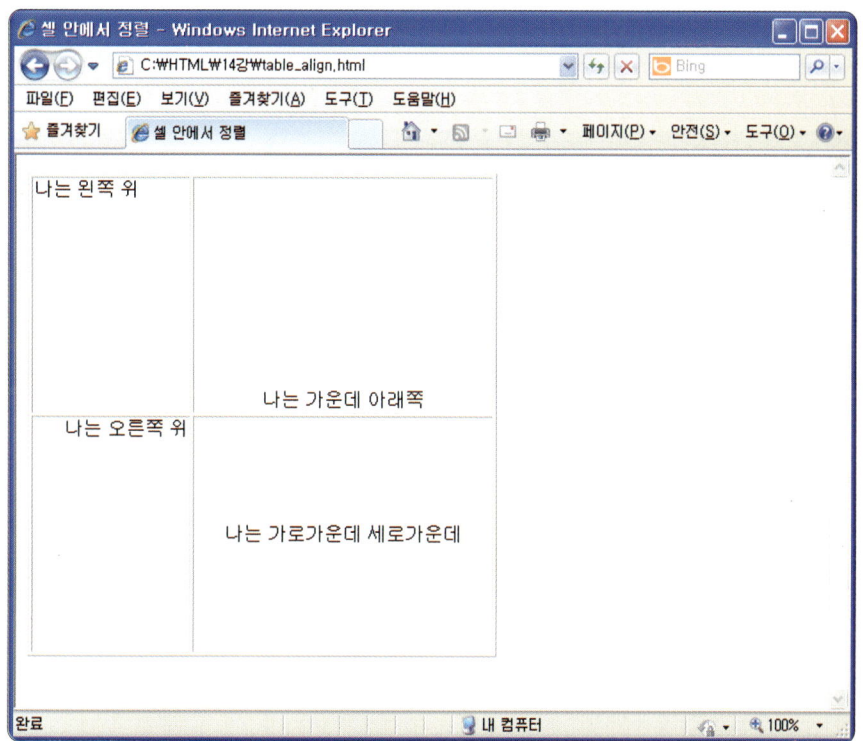

02 셀 합치기

1 다음과 같이 문서와 태그를 입력하고, 'table_span.html'로 저장합니다.

```html
<html>
<head>
    <title>셀 합치기</title>
</head>
<body>
<table border="1" width="400" height="200">
 <tr>
    <td colspan="2">1-1</td>

    <td>1-3</td>
    <td rowspan="2">1-4</td>
 </tr>
 <tr>
    <td>2-1</td>
    <td>2-2</td>
    <td>2-3</td>
 </tr>
</table>
</body>
</html>
```

2 'table_span.html'을 웹브라우저에서 열기합니다.

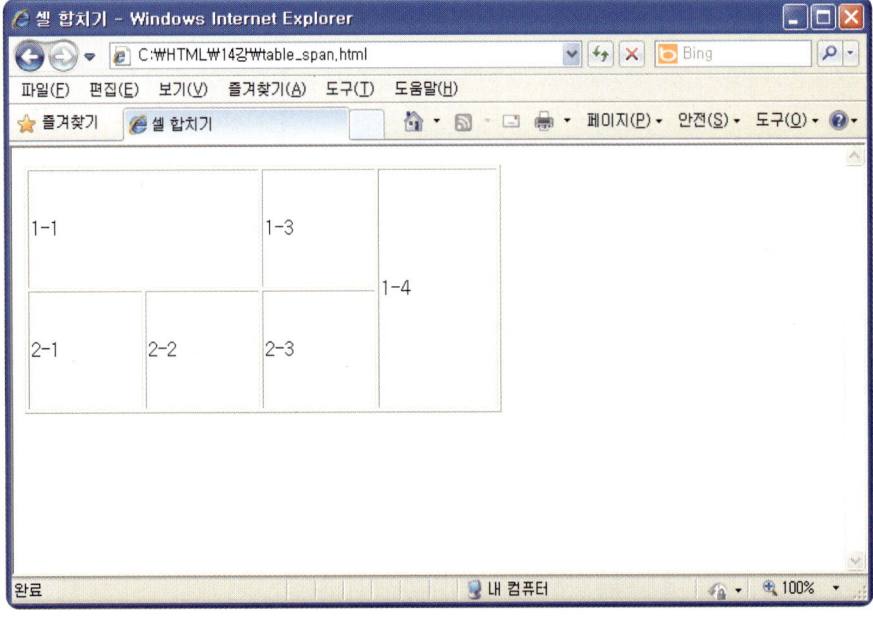

1 다음과 같이 문서를 만들어 저장한 후 웹브라우저에서 불러와서 확인해 봅니다.

▲ 파일명 : table_align_1.html

```html
<html>
<head>
    <title></title>
</head>
<body>
<table border="0" width="600" height="400" align="center">
 <tr>
    <td align="left" valign="bottom"><b>빌려 읽는 사랑</b></td>
    <td align="left" valign="bottom">
밑줄 치고 싶은 부분은 한 번 더 읽고 <br>
누군가 연필로 쓴 글씨를 흉내 내다 <br>
남은 문장을 물끄러미 <br>
들여다보기도 하는<br><br></td>
 </tr>
 <tr>
    <td align="center" valign="center"><i>김은경</i></td>
    <td align="left" valign="top">
떨어뜨린 눈썹 <br>
찰나의 눈물 자국 <br>
태풍의 눈을 박아 넣은 외로운 지문 <br>
낚싯줄같이 쓸쓸한 밑줄들<br>
올 여름 장마기도 지루하게 이어질 것인가, <br>
무수한 인사들의 소식까지 딸려오네<br><br>
더운 입김이 먼데 <br>
빌려 읽은 책은 점점 <br>
무거워지고</td>
 </tr>
</table>
</body>
</html>
```

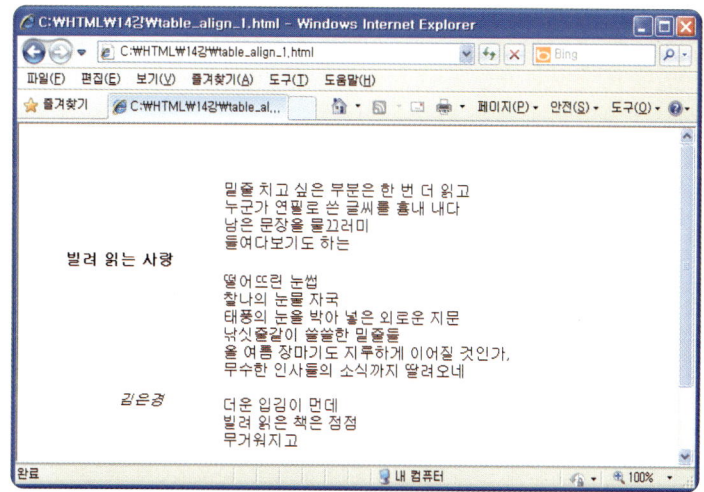

{힌트}··

〈td align="" valign=""〉

"혼자 풀어 보세요"

② 다음과 같이 문서를 만들어 저장한 후 웹브라우저에서 불러와서 확인해 봅니다.

▲ 파일명 : table_align_2.html

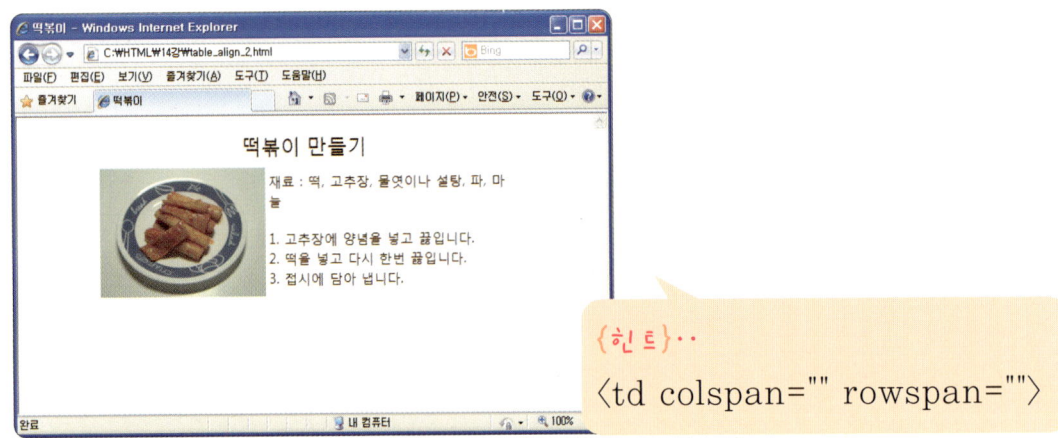

〈힌 트〉‥

〈td colspan="" rowspan=""〉

```
〈html〉
〈head〉
    〈title〉떡볶이〈/title〉
〈/head〉
〈body〉
〈font face="맑은 고딕"〉
〈table border="0" width="500" height="200" align="center"〉
 〈tr〉
   〈td colspan="2" align="center"〉〈font size="5"〉떡볶이 만들기
〈/font〉〈/td〉
 〈/tr〉
 〈tr〉
   〈td rowspan="2"〉〈img src="images/duk.jpg"〉〈/td〉
   〈td〉재료 : 떡, 고추장, 물엿이나 설탕, 파, 마늘〈/td〉
 〈/tr〉
 〈tr〉
   〈td〉
1. 고추장에 양념을 넣고 끓입니다. 〈br〉
2. 떡을 넣고 다시 한번 끓입니다.〈br〉
3. 접시에 담아 냅니다.
   〈/td〉
 〈/tr〉
〈/table〉
〈/font〉
〈/body〉
〈/html〉
```

3 다음과 같이 문서를 만들어 저장한 후 웹브라우저에서 불러와서 확인해 봅니다.

▲ 파일명 : table_align_3.html

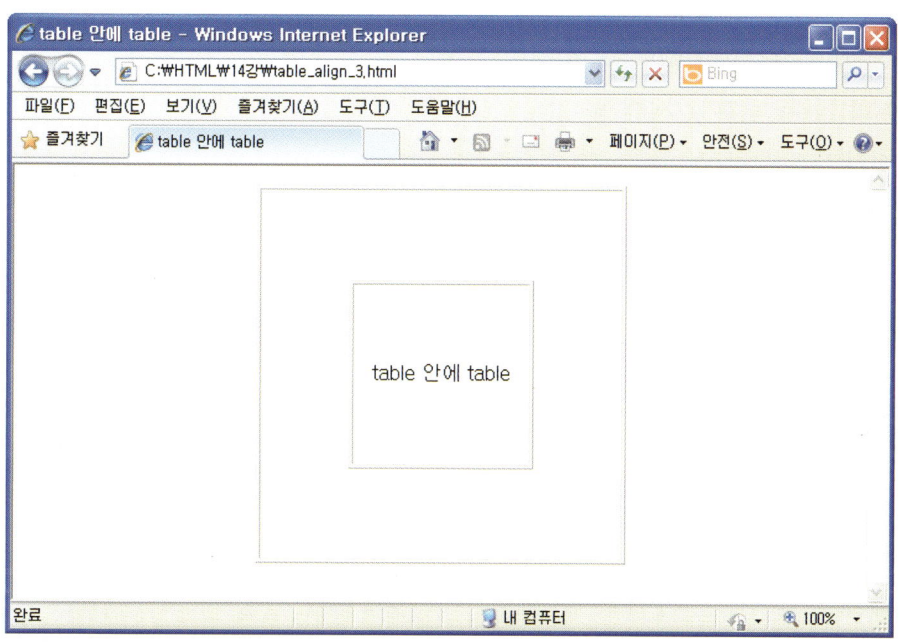

```
<html>
<head>
    <title>table 안에 table</title>
</head>
<body>
<table border="1" width="300" height="300" align="center">
  <tr>
    <td>
      <table border="1" width="150" height="150" align="center">
        <tr>
          <td align="center">
            table 안에 table
          </td>
        </tr>
      </table>
    </td>
  </tr>
</table>
</body>
</html>
```

표 만들기 Ⅲ

15

표는 다양한 속성을 적용할 수 있습니다. 셀에 색상을 지정하고 이미지를 삽입해 보며 셀 내의 간격 셀과 셀 사이의 간격을 조정해 표의 전체적인 디자인을 변경하는 방법에 대해 알아봅니다.

➤➤ 셀에 색상과 이미지를 설정합니다.

➤➤ 표에 여백을 지정해 봅니다.

배울 내용 미리보기

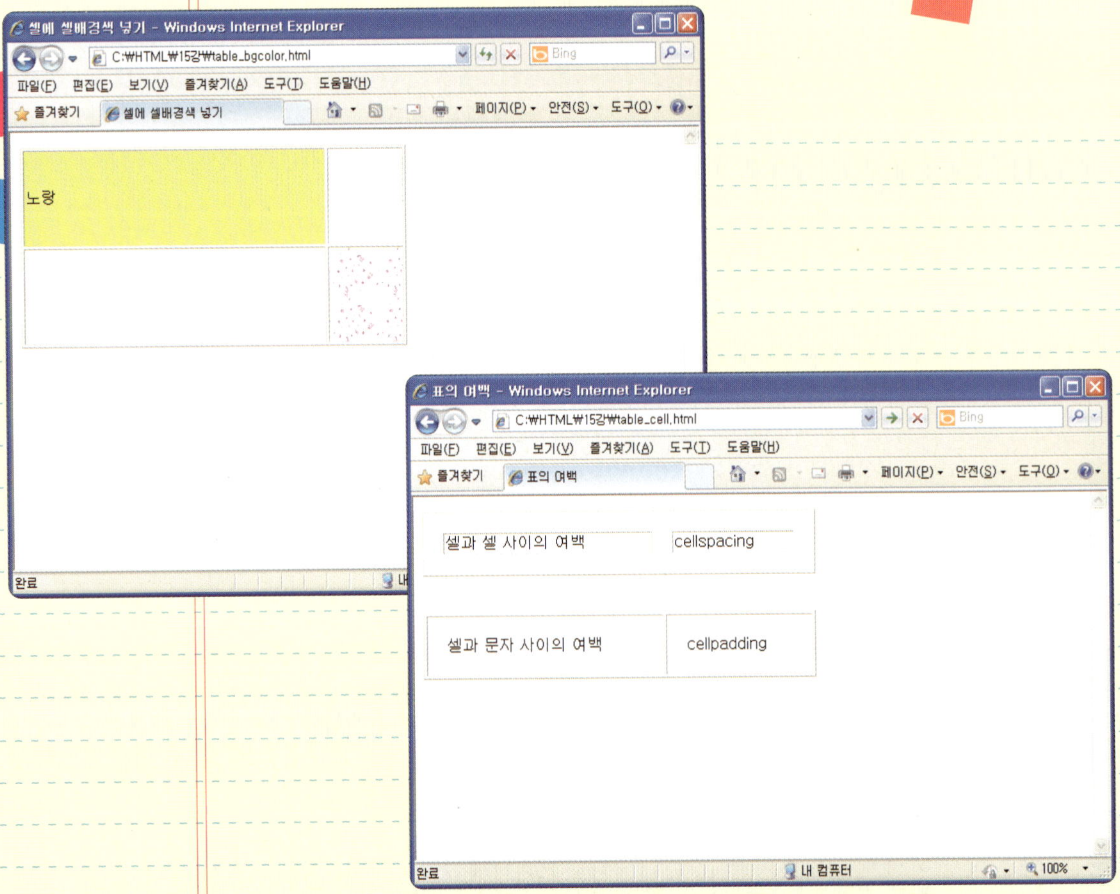

 **셀에 색상과 이미지 설정하기**

1 다음과 같이 문서와 태그를 입력하고, 'table_bgcolor.html'로 저장합니다.

```
<html>
<head>
    <title>셀에 셀배경색 넣기</title>
</head>
<body>
<table border="1" width="400" height="200">
 <tr>
    <td bgcolor="yellow">노랑</td>
    <td> </td>
 </tr>
 <tr>
    <td> </td>
    <td background="images/img01.jpg"> </td>
 </tr>
</table>
</body>
</html>
```

2 'table_bgcolor.html'을 웹브라우저에서 열기합니다.

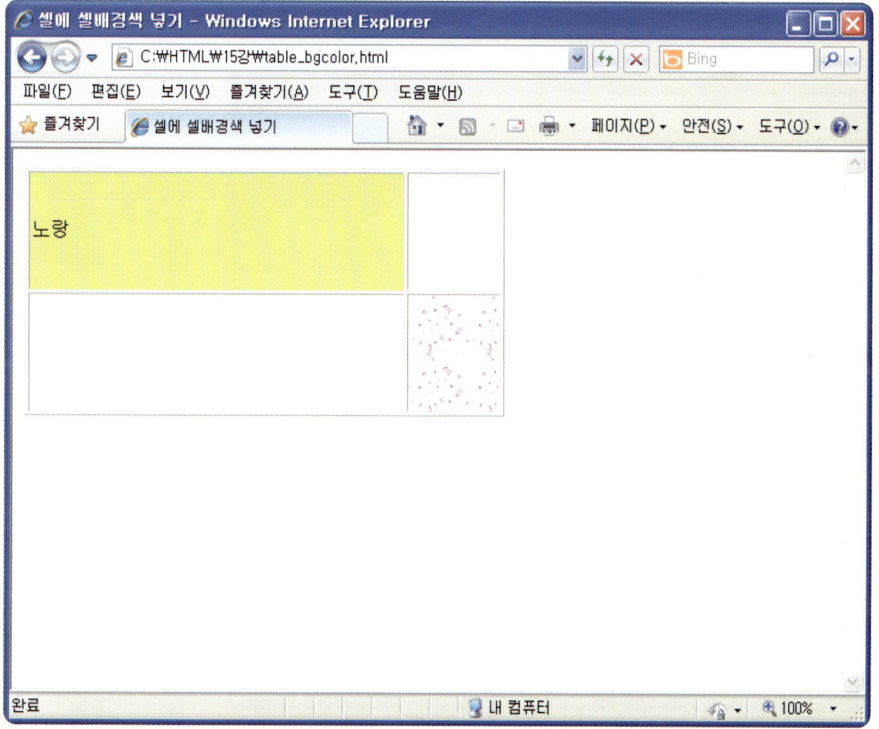

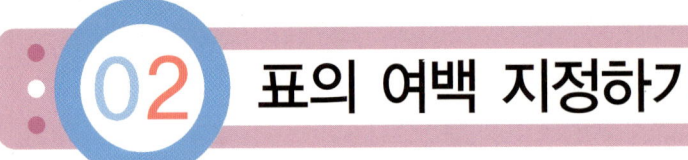

02 표의 여백 지정하기

1 다음과 같이 문서와 태그를 입력하고, 'table_cell.html'로 저장합니다.

```
〈html〉
〈head〉
    〈title〉표의 여백〈/title〉
〈/head〉
〈body〉
〈table border="1" width="400" cellspacing="20"〉
 〈tr〉
    〈td〉셀과 셀 사이의 여백〈/td〉
    〈td〉cellspacing〈/td〉
 〈/tr〉
〈/table〉
〈br〉〈br〉
〈table border="1" width="400" cellpadding="20"〉
 〈tr〉
    〈td〉셀과 문자 사이의 여백〈/td〉
    〈td〉cellpadding〈/td〉
 〈/tr〉
〈/table〉
〈/body〉
〈/html〉
```

2 'table_cell.html'을 웹브라우저에서 열기합니다.

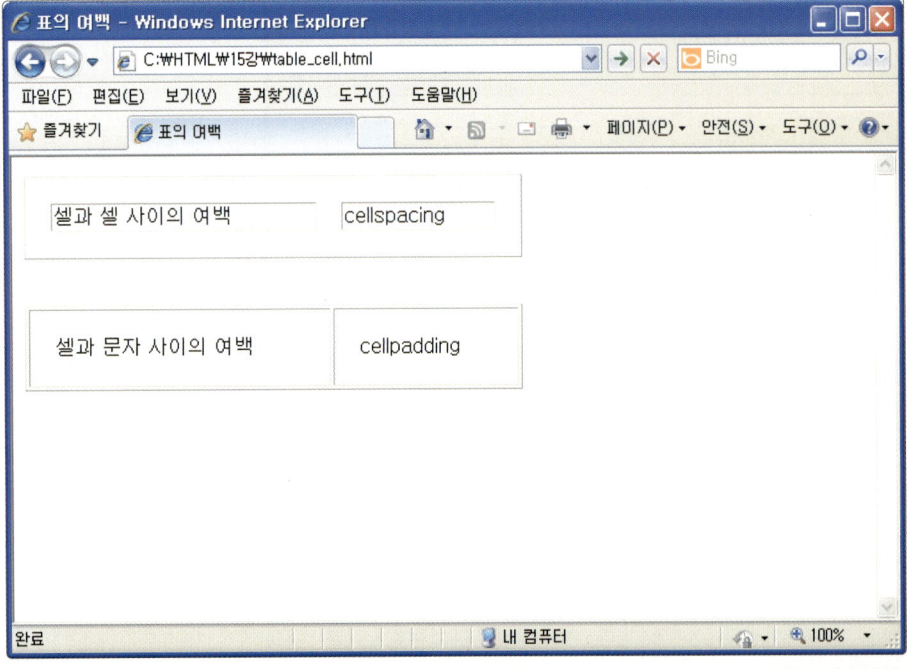

"혼자 풀어 보세요"

1 다음과 같이 문서를 만들어 저장한 후 웹브라우저에서 불러와서 확인해 봅니다.

▲ 파일명 : table_bgcolor_1.html

〈힌트〉··

〈td width="" height="" bgcolor=""〉

```
〈html〉
〈body topmargin="100"〉
〈table border="0" align="center"〉
 〈tr〉
    〈td width="30" height="30" bgcolor="red"〉 〈/td〉
    〈td〉 〈/td〉
    〈td width="30" height="30" bgcolor="yellow"〉 〈/td〉
 〈/tr〉
 〈tr〉
    〈td〉 〈/td〉
    〈td 〉〈img src="images/girl.jpg"〉〈/td〉
    〈td〉 〈/td〉
 〈/tr〉
 〈tr〉
    〈td height="30" bgcolor="pink"〉 〈/td〉
    〈td〉 〈/td〉
    〈td bgcolor="bluesky"〉 〈/td〉
 〈/tr〉
〈/table〉
〈/body〉
〈/html〉
```

"혼자 풀어 보세요"

2 다음과 같이 문서를 만들어 저장한 후 웹브라우저에서 불러와서 확인해 봅니다.

▲ 파일명 : table_cell_1.html

《힌 트》··

```
<table border="0" width="400"
cellspacing="0"
cellpadding="0" align="center">
```

```
<html>
<head>
    <title>표의 여백</title>
</head>
<body topmargin="50">
<table border="0" width="400" cellspacing="0" cellpadding="0"
align="center">
 <tr>
    <td><img src="images/wooam.jpg"></td>
    <td><img src="images/ssem.jpg"></td>
 </tr>
 <tr>
    <td><img src="images/house.jpg"></td>
    <td><img src="images/sky.jpg"></td>
 </tr>
</table>
<br><br>
</body>
</html>
```

"혼자 풀어 보세요"

3 다음과 같이 문서를 만들어 저장한 후 웹브라우저에서 불러와서 확인해 봅니다.

▲ 파일명 : table_ex.html

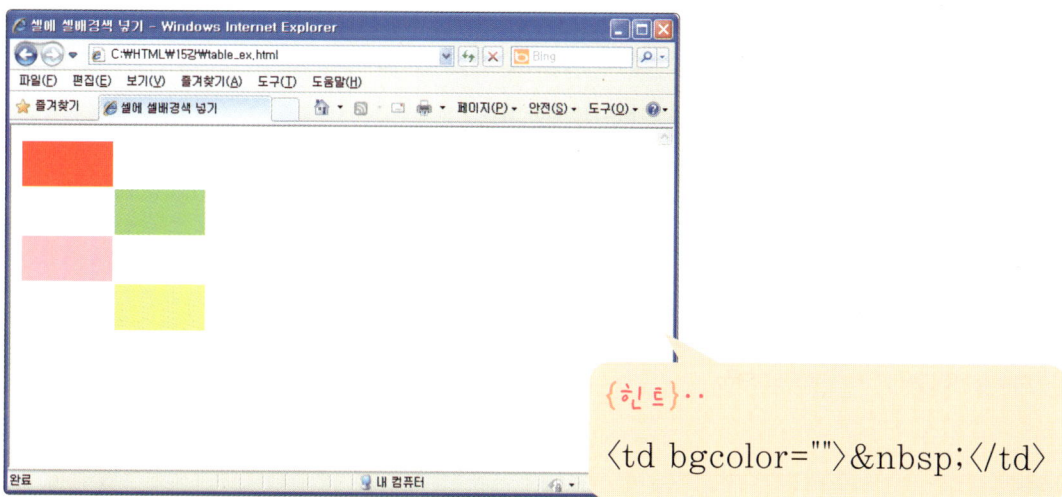

{힌트}··
`<td bgcolor=""> </td>`

```
<html>
<head>
    <title>셀에 셀배경색 넣기</title>
</head>
<body>
<table border="0" width="200" height="200">
 <tr>
    <td bgcolor="red"> </td>
    <td> </td>
 </tr>
 <tr>
    <td> </td>
    <td bgcolor="bluesky"> </td>
 </tr>
 <tr>
    <td bgcolor="pink"> </td>
    <td> </td>
 </tr>
 <tr>
    <td> </td>
    <td bgcolor="yellow"> </td>
 </tr>
</table>
</body>
</html>
```

16

폼 양식 만들기 Ⅰ (텍스트)

폼은 웹페이지 안에서 데이터를 입력할 수 있도록 별도의 창을 구성해 줄 수 있는데, 이를 폼이라 합니다. 로그인 ID, 암호와 같은 텍스트 입력 양식을 삽입하는 방법에 대해 알아봅니다.

➡➡ 로그인 ID 텍스트 입력 양식을 만들어 봅니다.

➡➡ 암호 입력 양식을 만들어 봅니다.

배울 내용 미리보기 ➕

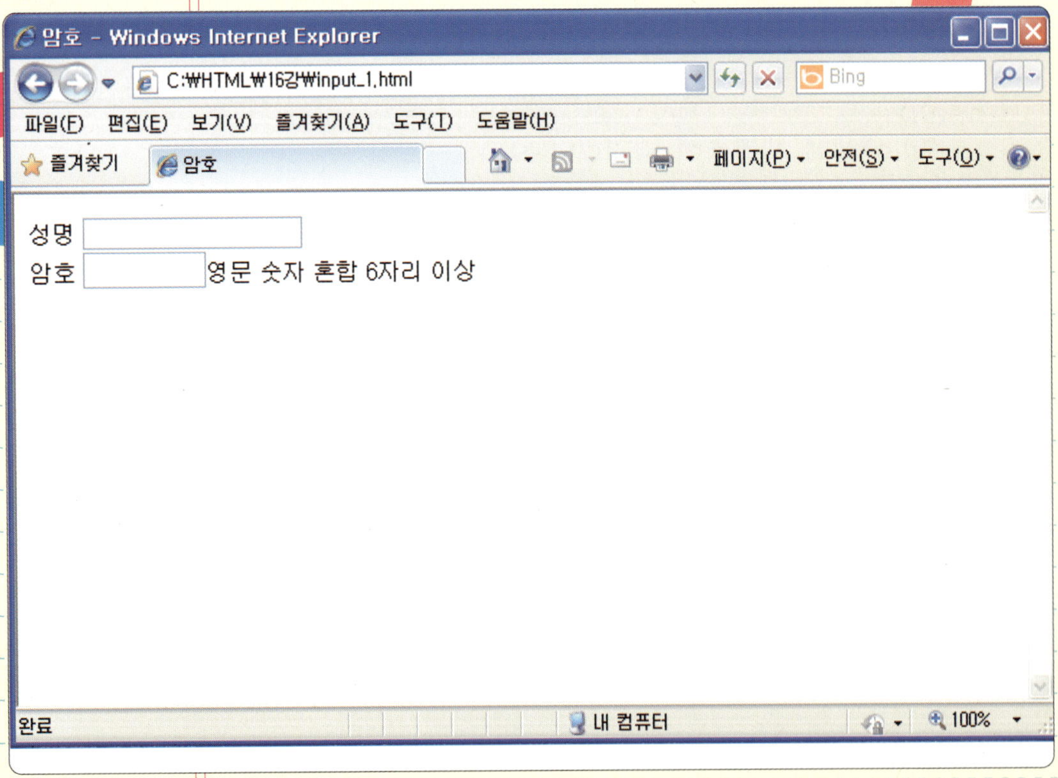

성명 〔　　　　　〕
암호 〔　　　〕영문 숫자 혼합 6자리 이상

01 텍스트 입력 양식 만들기

1 다음과 같이 문서와 태그를 입력하고, 'input.html'로 저장합니다.

```
〈html〉
〈head〉
    〈title〉폼〈/title〉
〈/head〉
〈body〉
〈form method="post"〉
성명
〈input type="text" name="name" size="20"〉〈br〉
〈/form〉
〈/body〉
〈/html〉
```

2 'input.html'을 웹브라우저에서 열기합니다.

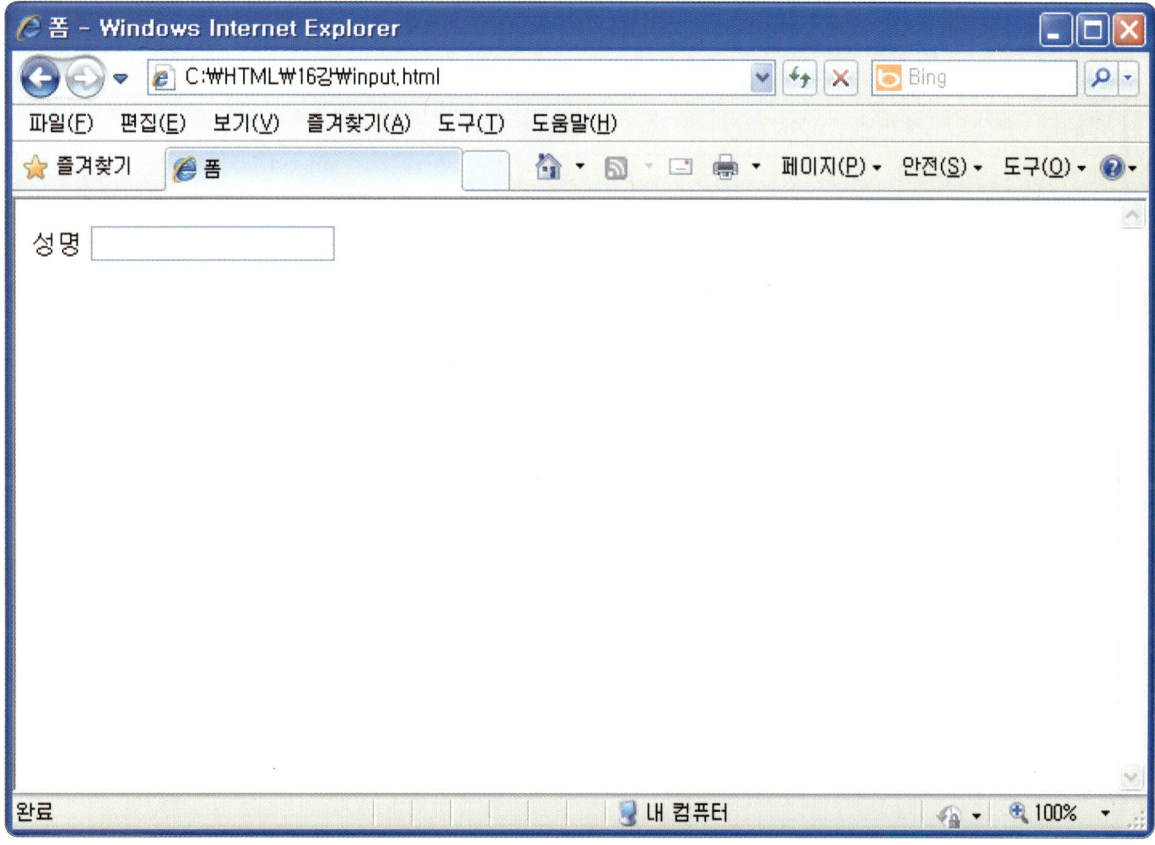

02

암호 입력 양식 만들기

1 'input.html'을 웹브라우저에서 열기한 후 다음과 같이 비밀번호 양식을 만들어 봅니다. 'input_1.html'로 다른이름 저장합니다.

```
<html>
<head>
    <title>암호</title>
</head>
<body>
<form method="post">
성명
<input type="text" name="name" size="20"><br>
암호
<input type="password" name="password" size="10">영문 숫자 혼합 6자리 이상<br>
</form>
</body>
</html>
```

2 'input_1.html'을 웹브라우저에서 열기합니다.

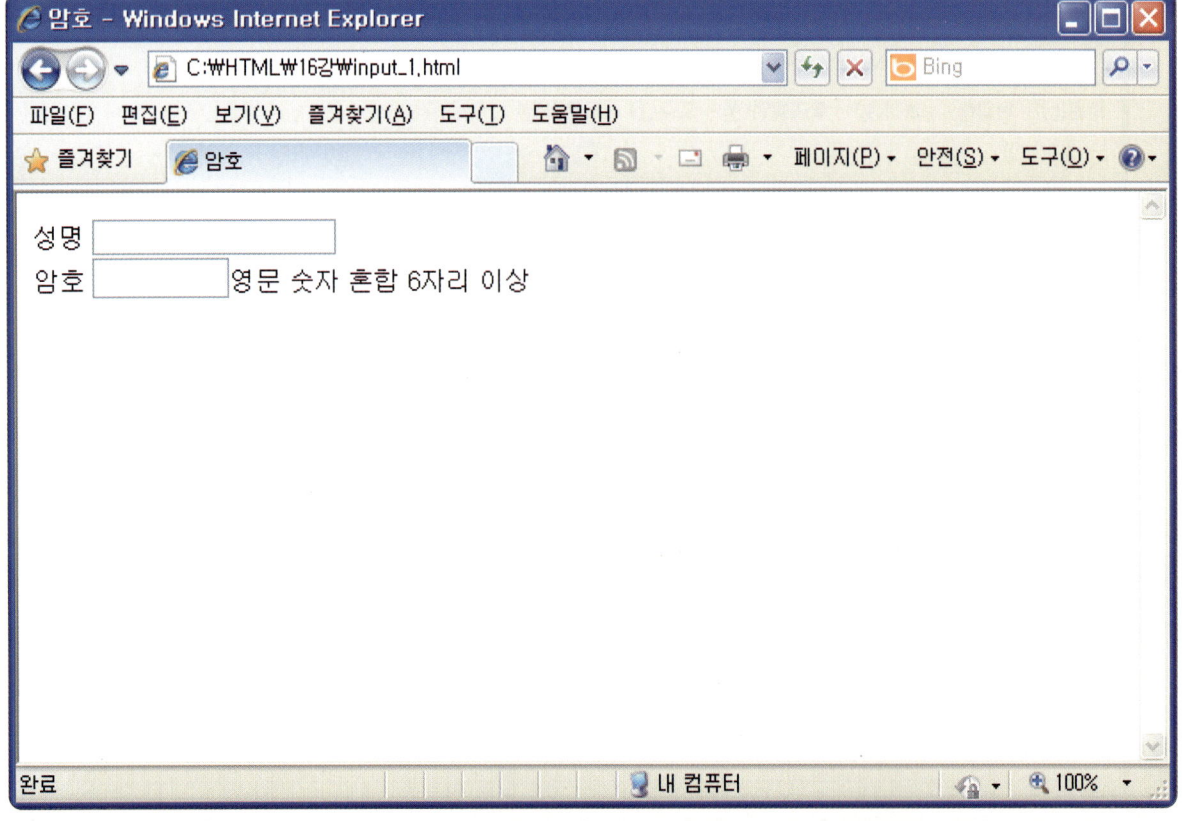

"혼자 풀어 보세요"

1 다음과 같이 문서를 만들어 저장한 후 웹브라우저에서 불러와서 확인해 봅니다.

▲ 파일명 : input_2.html

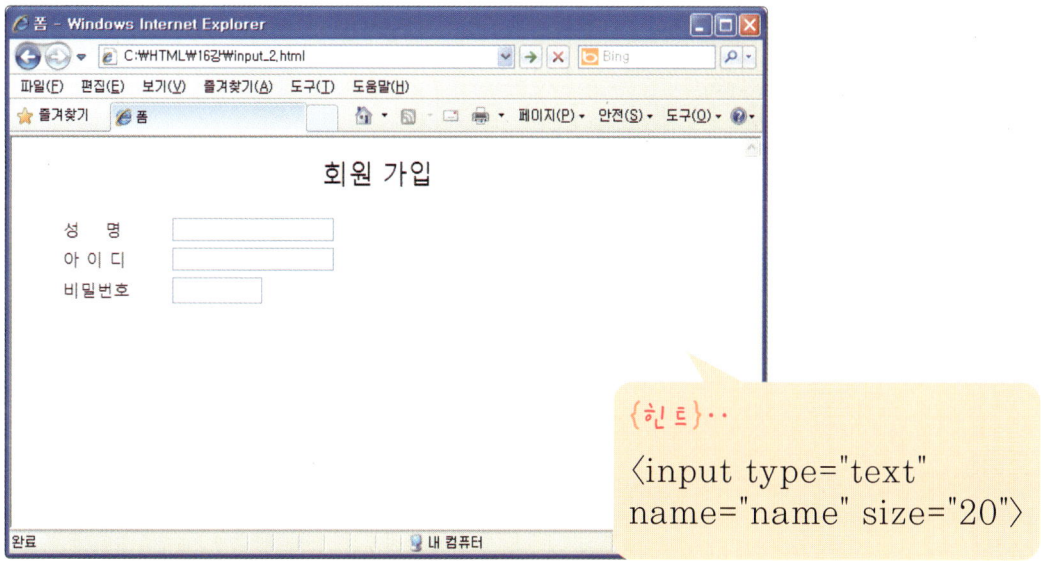

〈힌트〉‥
〈input type="text" name="name" size="20"〉

```
〈html〉
〈head〉
    〈title〉폼〈/title〉
〈/head〉
〈body〉
〈p align="center"〉〈font size="5" face="맑은 고딕" 〉회원 가입〈/font〉〈/p〉
〈font size="4" face="맑은 고딕" 〉
〈form method="post"〉
〈table border="0" align="center" width="600"〉
  〈tr〉
    〈td width="100"〉성    명〈/td〉
    〈td〉〈input type="text" name="name" size="20"〉〈/td〉
  〈/tr〉
  〈tr〉
    〈td〉아 이 디〈/td〉
    〈td〉〈input type="text" name="name" size="20"〉〈/td〉
  〈/tr〉
  〈tr〉
    〈td〉비밀번호〈/td〉
    〈td〉〈input type="password" name="password" size="10"〉〈/td〉
  〈/tr〉
〈table〉
〈/form〉
〈/font〉
〈/body〉
〈/html〉
```

"혼자 풀어 보세요"

2 다음과 같이 문서를 만들어 저장한 후 웹브라우저에서 불러와서 확인해 봅니다.

▲ 파일명 : input_3.html

```
주민등록번호 [      ] - [      ]
전화번호    [   ] - [   ] - [   ]
핸드폰 번호  [   ] - [   ] - [   ]
이메일 주소  [        ] @ [        ]
우편 번호    [  ] - [  ]
주소        [              ]
```

《힌트》··

〈input type="password" name="name" size="7"〉

```
<html>
<head>
    <title>폼</title>
</head>
<body>
<font size="4" face="맑은 고딕" >
<form method="post">
<table border="0" align="center" width="600">
  <tr>
    <td width="100">주민등록번호</td>
    <td>
<input type="password" name="name" size="6"> -
<input type="password" name="name" size="7">
    </td>
  </tr>
  <tr>
    <td>전화번호</td>
    <td>
<input type="text" name="name" size="3"> -
<input type="text" name="name" size="4"> -
<input type="text" name="name" size="4">
    </td>
  </tr>
  <tr>
    <td>핸드폰 번호</td>
    <td>
<input type="text" name="name" size="3"> -
<input type="text" name="name" size="4"> -
<input type="text" name="name" size="4">
    </td>
  </tr>
  <tr>
    <td>이메일 주소</td>
    <td>
<input type="text" name="name" size="15"> @
<input type="text" name="name" size="20">
    </td>
  </tr>
  <tr>
    <td>우편 번호</td>
    <td>
<input type="text" name="name" size="3"> -
<input type="text" name="name" size="3">
    </td>
  </tr>
  <tr>
    <td>주소</td>
    <td>
<input type="text" name="name" size="65">
    </td>
  </tr>
</font>
</form>
</body>
</html>
```

17 폼 양식 만들기 II (체크 박스/라디오 버튼)

다수를 선택할 수 있는 것을 체크 박스라 하고 여러 가지 중 한 가지만 선택할 수 있는 것을 라디오 버튼이라 합니다. 체크 박스와 라디오 버튼을 삽입하는 방법에 대해 알아봅니다.

➡➡ 폼 양식의 체크 박스를 만들어 봅니다.

➡➡ 라디오 버튼 양식을 만들어 봅니다.

배울 내용 미리보기 ➕

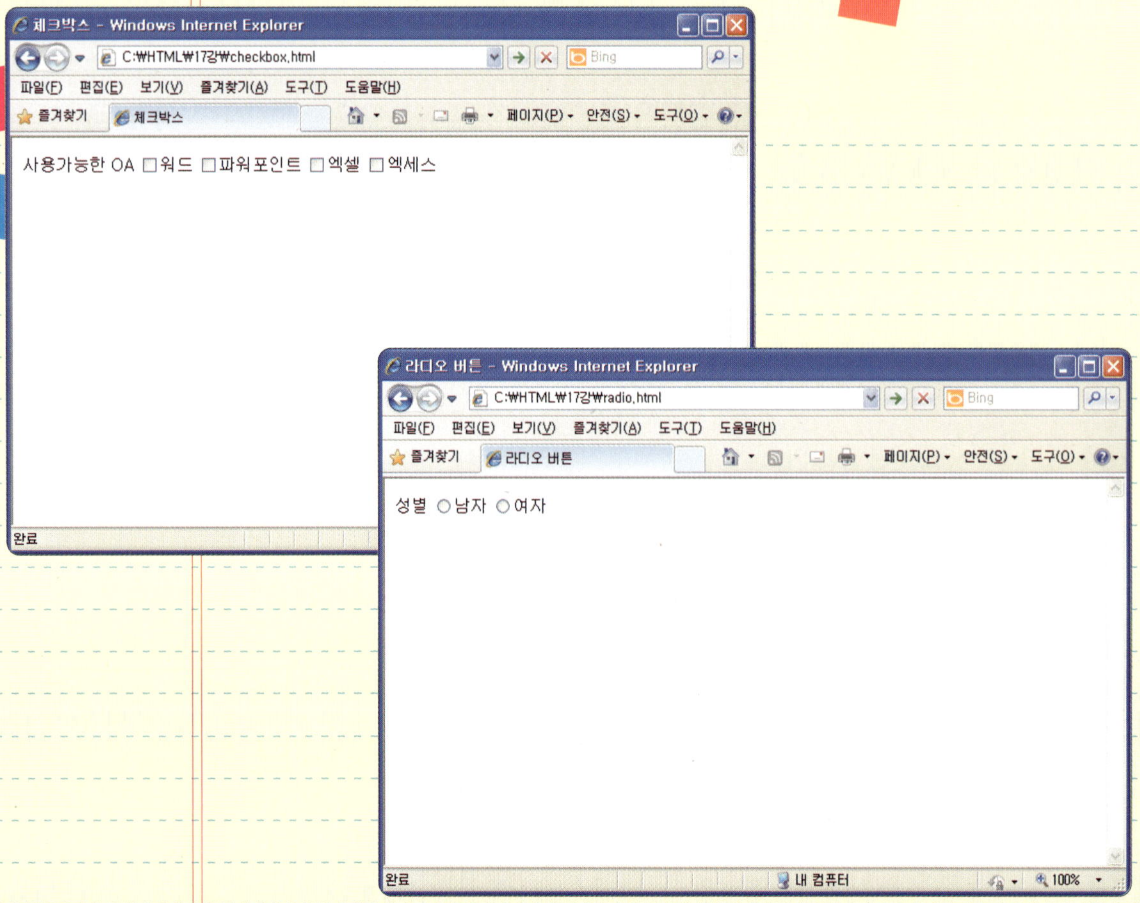

사용가능한 OA ☐워드 ☐파워포인트 ☐엑셀 ☐엑세스

성별 ○남자 ○여자

 **체크 박스 입력 양식 만들기**

1 다음과 같이 문서와 태그를 입력하고, 'checkbox.html'로 저장합니다.

```
<html>
<head>
    <title>체크박스</title>
</head>
<body>
<form method="post">
사용가능한 OA
    <input type="checkbox" name="checkbox1" value="1">워드
    <input type="checkbox" name="checkbox2" value="1">파워포인트
    <input type="checkbox" name="checkbox3" value="1">엑셀
    <input type="checkbox" name="checkbox4" value="1">엑세스
</form>
</body>
</html>
```

2 'checkbox.html'을 웹브라우저에서 열기합니다.

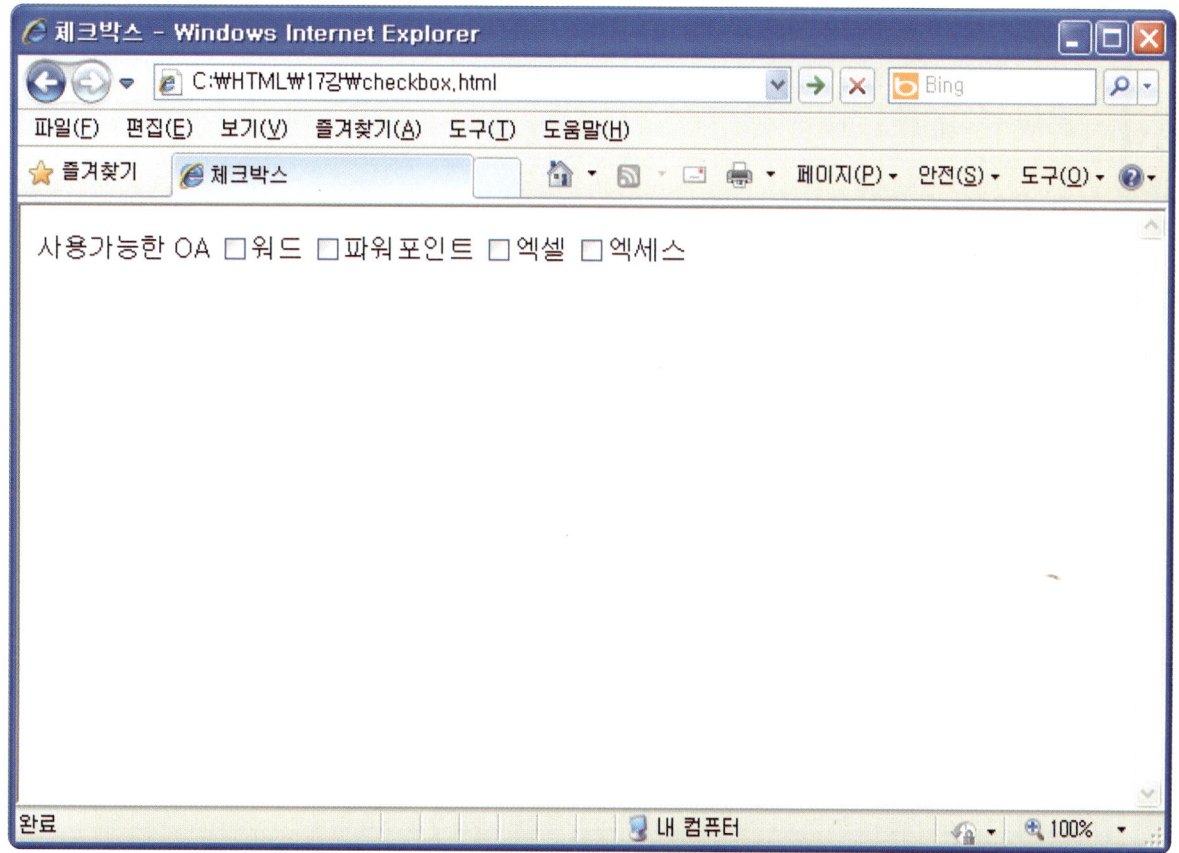

라디오 버튼 양식 만들기

1 다음과 같이 문서와 태그를 입력하고, 'radio.html' 로 저장합니다.

```
<html>
<head>
    <title>라디오 버튼</title>
</head>
<body>
<form method="post">
성별
    <input type="radio" name="sex" value="male">남자
    <input type="radio" name="sex" value="female">여자
</form>
</body>
</html>
```

2 'radio.html' 을 웹브라우저에서 열기합니다.

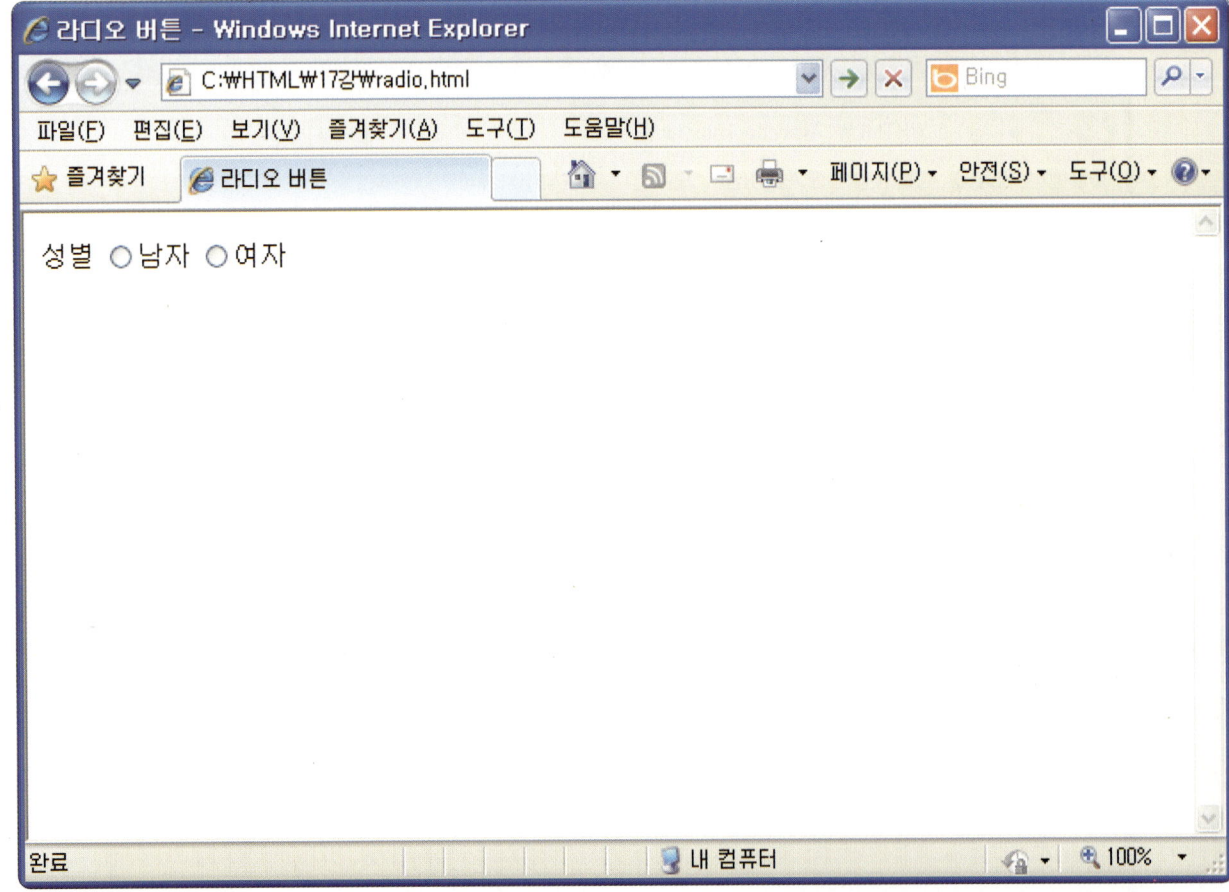

"혼자 풀어 보세요"

1 다음과 같이 문서를 만들어 저장한 후 웹브라우저에서 불러와서 확인해 봅니다.

▲ 파일명 : checkbox_1.html

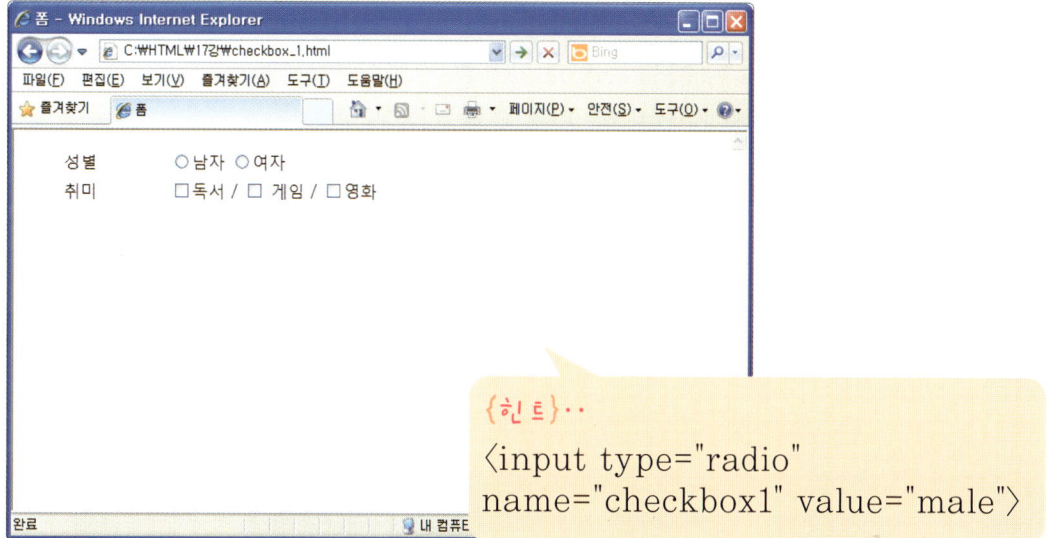

{힌트}··

```
<input type="radio"
name="checkbox1" value="male">
```

```
<html>
<head>
    <title>폼</title>
</head>
<body>
<font size="4" face="맑은 고딕" >
<form method="post">
<table border="0" align="center" width="600">
  <tr>
    <td width="100">성별</td>
    <td>
  <input type="radio" name="checkbox1" value="male">남자
  <input type="radio" name="checkbox2" value="female">여자
    </td>
  </tr>
  <tr>
    <td width="100">취미</td>
    <td>
  <input type="checkbox" name="hobby" value="book">독서 /
  <input type="checkbox" name="hobby" value="game">게임 /
  <input type="checkbox" name="hobby" value="movie">영화
    </td>
  </tr>
</table>
</form>
</font>
</body>
</html>
```

폼 양식 만들기 Ⅲ (선택 메뉴와 여러 줄의 입력 박스)

홈페이지에 회원가입과 같은 양식을 폼태그로 만들어 봅니다. 이번 강에서는 선택 메뉴와 여러 줄의 입력 박스를 삽입하는 방법에 대해 알아봅니다.

➤➤ 폼 양식의 SELECT로 선택 메뉴를 만들어 봅니다.
➤➤ 폼 양식의 TEXTARE로 입력 창을 만들어 봅니다.

배울 내용 미리보기 ➕

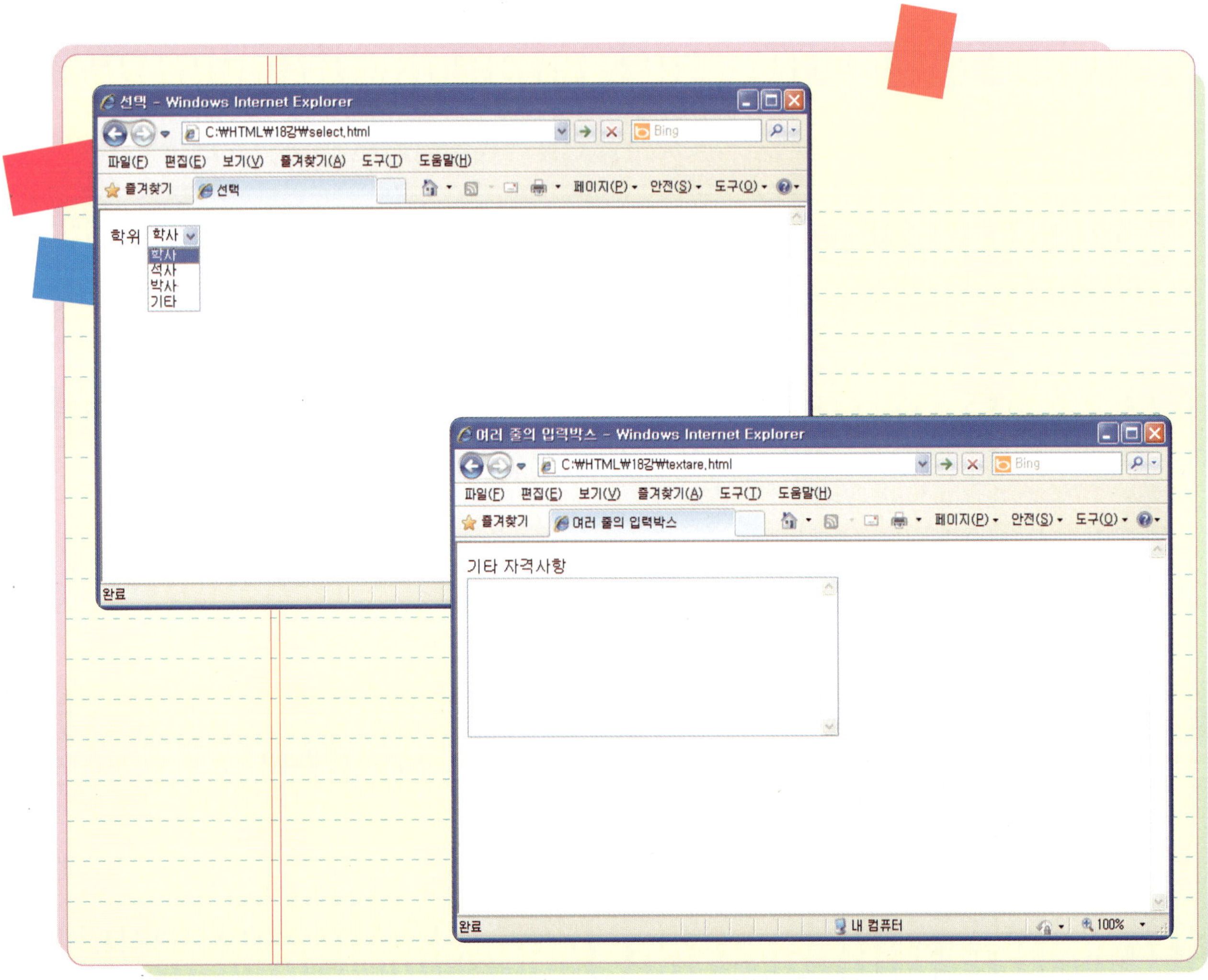

1 다음과 같이 문서와 태그를 입력하고, 'select.html'로 저장합니다.

```
〈html〉
〈head〉
    〈title〉선택〈/title〉
〈/head〉
〈body〉
〈form method="post"〉
학위
  〈select name="degree"〉
    〈option value="1"〉학사〈/option〉
    〈option value="2"〉석사〈/option〉
    〈option value="3"〉박사〈/option〉
    〈option value="4"〉기타〈/option〉
  〈/select〉
〈/form〉
〈/body〉
〈/html〉
```

2 'select.html'을 웹브라우저에서 열기합니다.

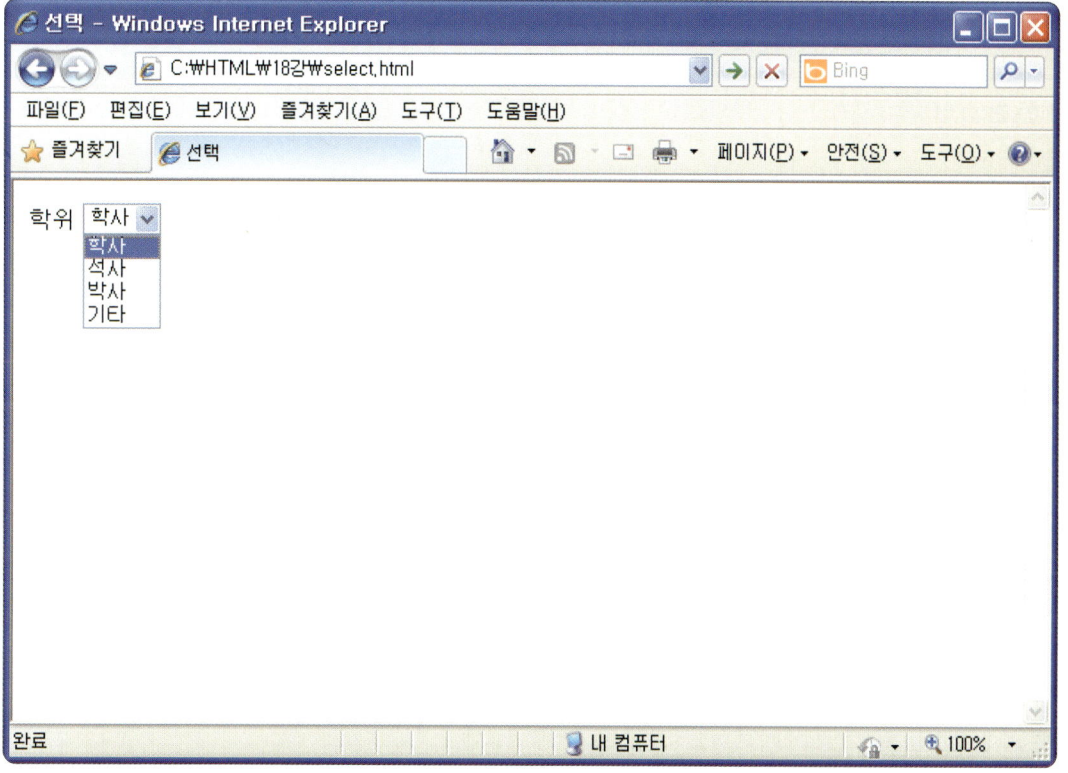

1 다음과 같이 문서와 태그를 입력하고, 'textare.html' 로 저장합니다.

```
<html>
<head>
    <title>여러 줄의 입력박스</title>
</head>
<body>
<form method="post">
기타 자격사항 <br>
  <textarea name="" rows="10" cols="50"></textarea>
</form>
</body>
</html>
```

2 'textare.html' 을 웹브라우저에서 열기합니다.

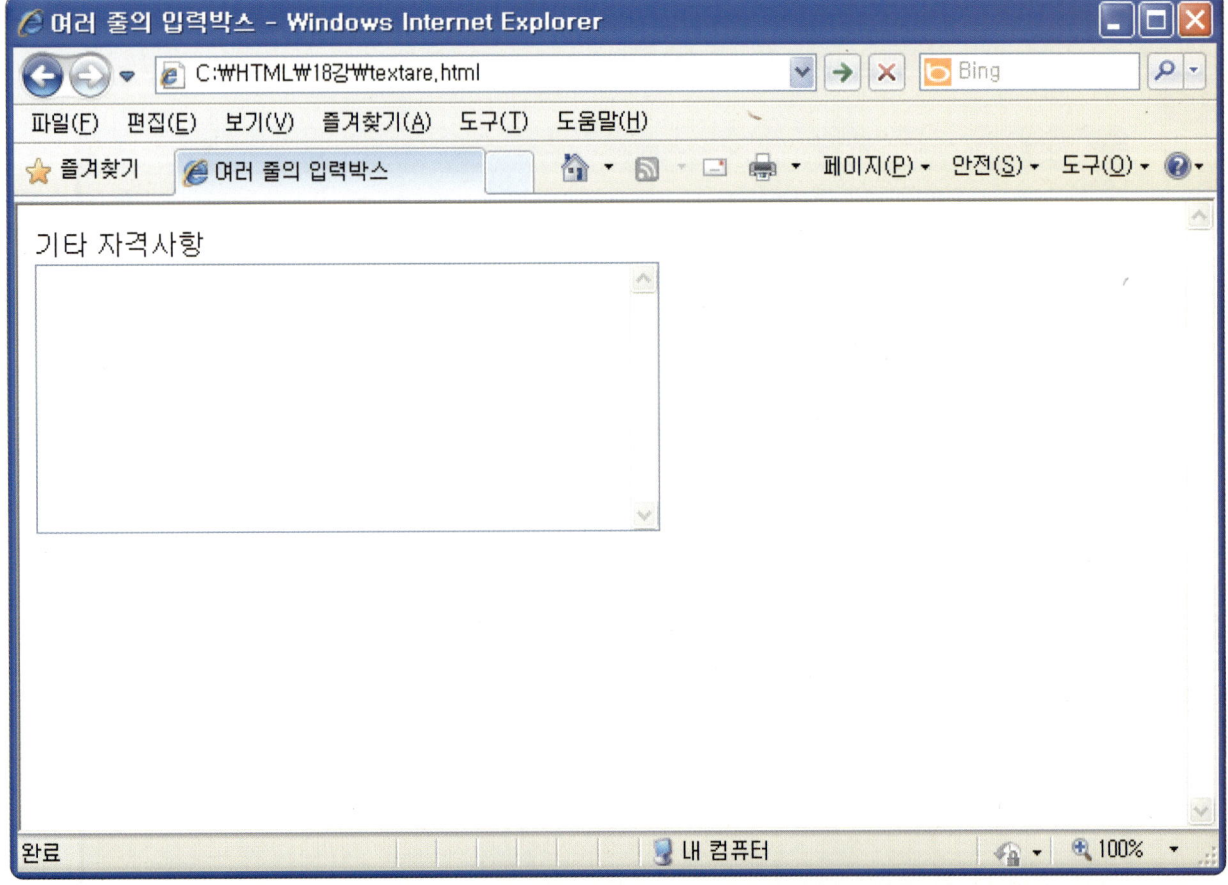

"혼자 풀어 보세요"

1 다음과 같이 문서를 만들어 저장한 후 웹브라우저에서 불러와서 확인해 봅니다.

▲ 파일명 : select_1.html

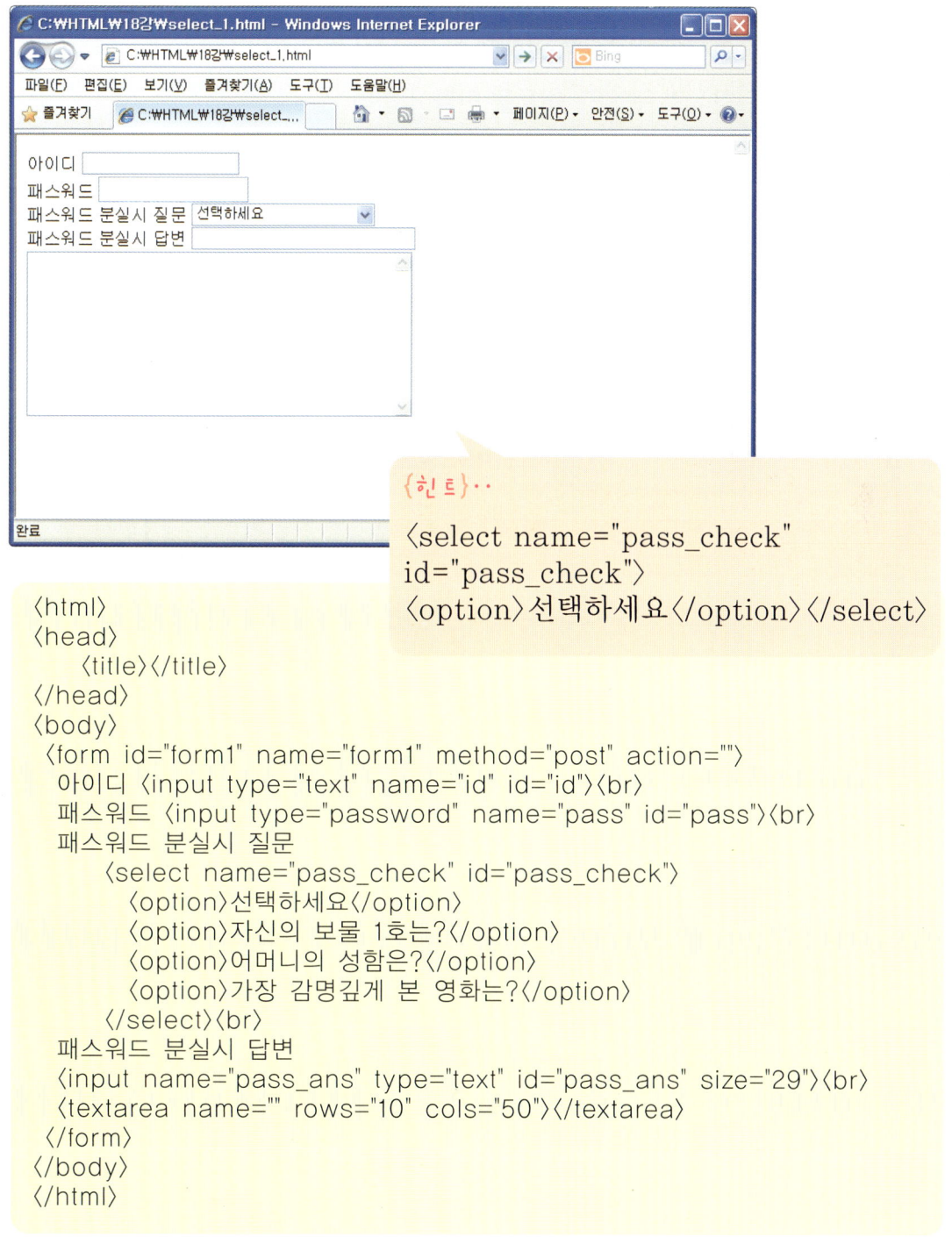

《힌트》··

```
<select name="pass_check"
id="pass_check">
<option>선택하세요</option></select>
```

```html
<html>
<head>
    <title></title>
</head>
<body>
 <form id="form1" name="form1" method="post" action="">
  아이디 <input type="text" name="id" id="id"><br>
  패스워드 <input type="password" name="pass" id="pass"><br>
  패스워드 분실시 질문
      <select name="pass_check" id="pass_check">
        <option>선택하세요</option>
        <option>자신의 보물 1호는?</option>
        <option>어머니의 성함은?</option>
        <option>가장 감명깊게 본 영화는?</option>
      </select><br>
  패스워드 분실시 답변
  <input name="pass_ans" type="text" id="pass_ans" size="29"><br>
  <textarea name="" rows="10" cols="50"></textarea>
 </form>
</body>
</html>
```

19 폼 양식 만들기 IV (버튼 만들기)

웹페이지에 회원 가입과 같은 폼을 완성한 후 저장 또는 재입력을 일괄 처리 할 수 있는 버튼 만들기를 삽입하는 방법에 대해 알아봅니다.

→→ 폼 양식의 SUBMIT 버튼을 만들어 봅니다.
→→ 폼 양식의 RESET 버튼을 만들어 봅니다.

배울 내용 미리보기

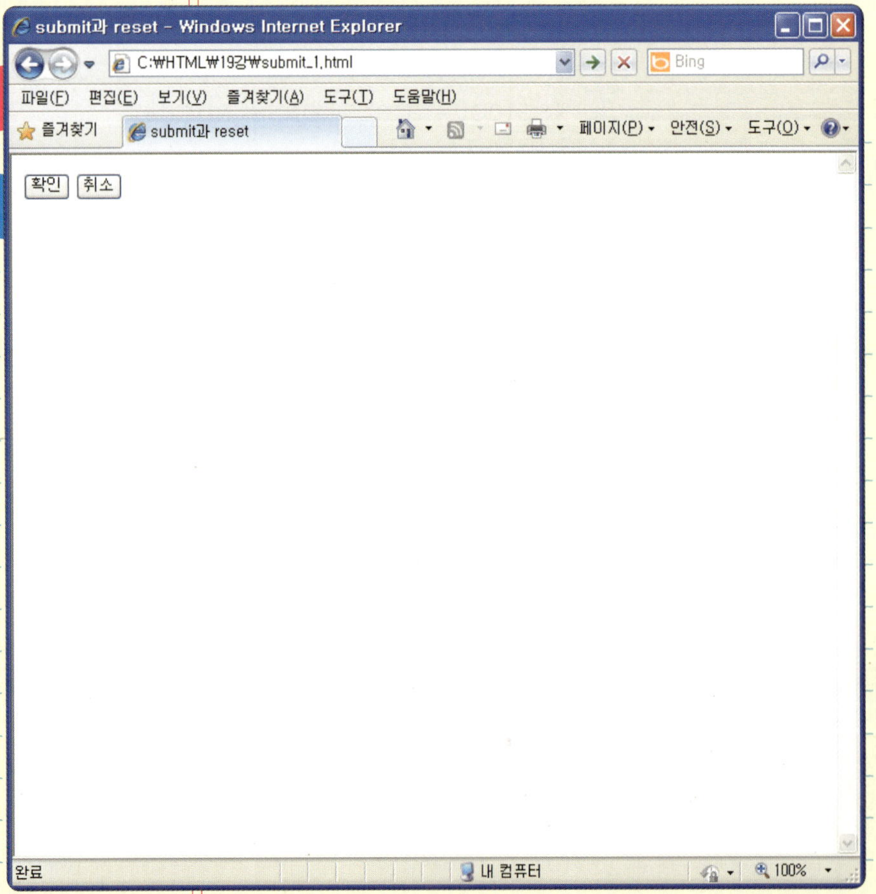

01 SUBMIT 버튼 태그 알기

1 다음과 같이 문서와 태그를 입력하고, 'submit.html'로 저장합니다.

```
<html>
<head>
    <title>submit</title>
</head>
<body>
<form method="post">
    <input type="submit" value="확인">
</form>
</body>
</html>
```

2 'submit.html'을 웹브라우저에서 열기합니다.

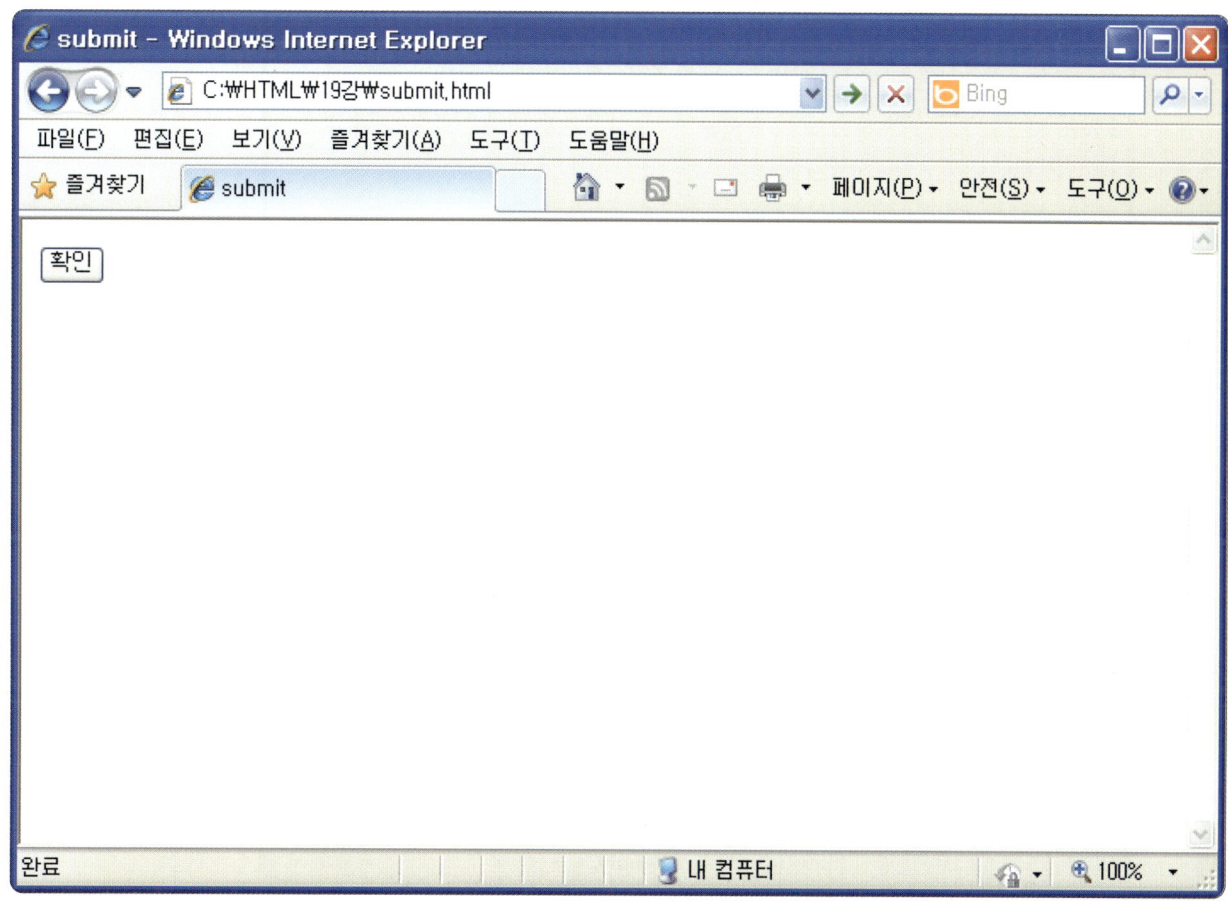

1 'submit.html'을 웹브라우저에서 열기한 후 다음과 같이 RESET 버튼을 추가한 후 'submit_1.html' 다른 이름 저장합니다.

```
<html>
<head>
    <title>submit과 reset</title>
</head>
<body>
<form method="post">
   <input type="submit" value="확인">
   <input type="reset" value="취소">
</form>
</body>
</html>
```

2 'submit-1.html'을 웹브라우저에서 열기합니다.

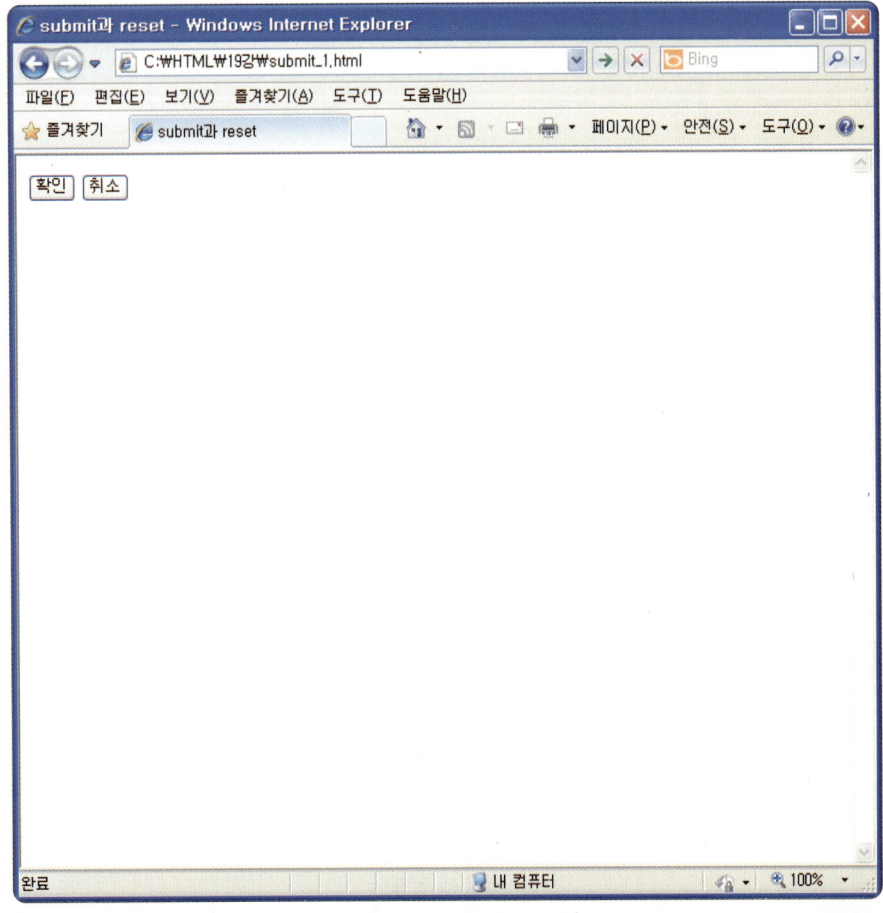

1 다음과 같이 문서를 만들어 저장한 후 웹브라우저에서 불러와서 확인해 봅니다.

▲ 파일명 : submit_2.html

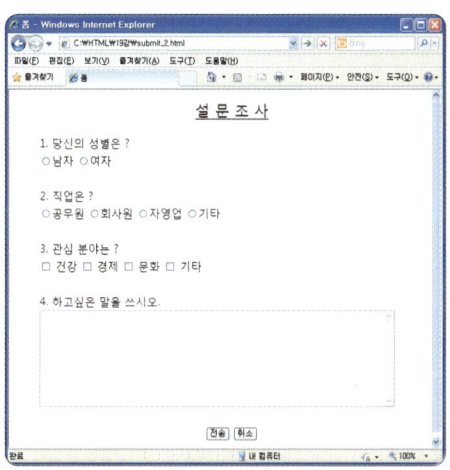

```
<html>
<head>
    <title>폼</title>
</head>
<body leftmargin="50">
<p align="center">
<font size="5" face="맑은 고딕" ><u> 설 문 조 사 </u></font>
</p>
<font size="4" face="맑은 고딕" >
<form method="post">
1. 당신의 성별은 ? <br>
    <input type="radio" name="sex" value="male">남자
    <input type="radio" name="sex" value="female">여자 <br><br>
2. 직업은 ? <br>
    <input type="radio" name="age" value="a">공무원
    <input type="radio" name="age" value="b">회사원
    <input type="radio" name="age" value="c">자영업
    <input type="radio" name="age" value="d">기타<br><br>
3. 관심 분야는 ?<br>
<input name="hobby" type="checkbox" id="hobby" value="book"> 건강
<input name="hobby" type="checkbox" id="hobby" value="game"> 경제
<input name="hobby" type="checkbox" id="hobby" value="movie"> 문화
<input name="hobby" type="checkbox" id="hobby" value="movie"> 기타
<br><br>
4. 하고싶은 말을 쓰시오.<br>
    <textarea name="memo" id="memo" cols="80" rows="10"></textarea><br><br>
<p align="center">
    <input type="submit" value="전송">   <input type="reset" value="취소">
</p>
</font>
</form>
</body>
</html>
```

"혼자 풀어 보세요"

2

다음과 같이 문서를 만들어 저장한 후 웹브라우저에서 불러와서 확인해 봅니다.

▲ 파일명 : submit_3.html

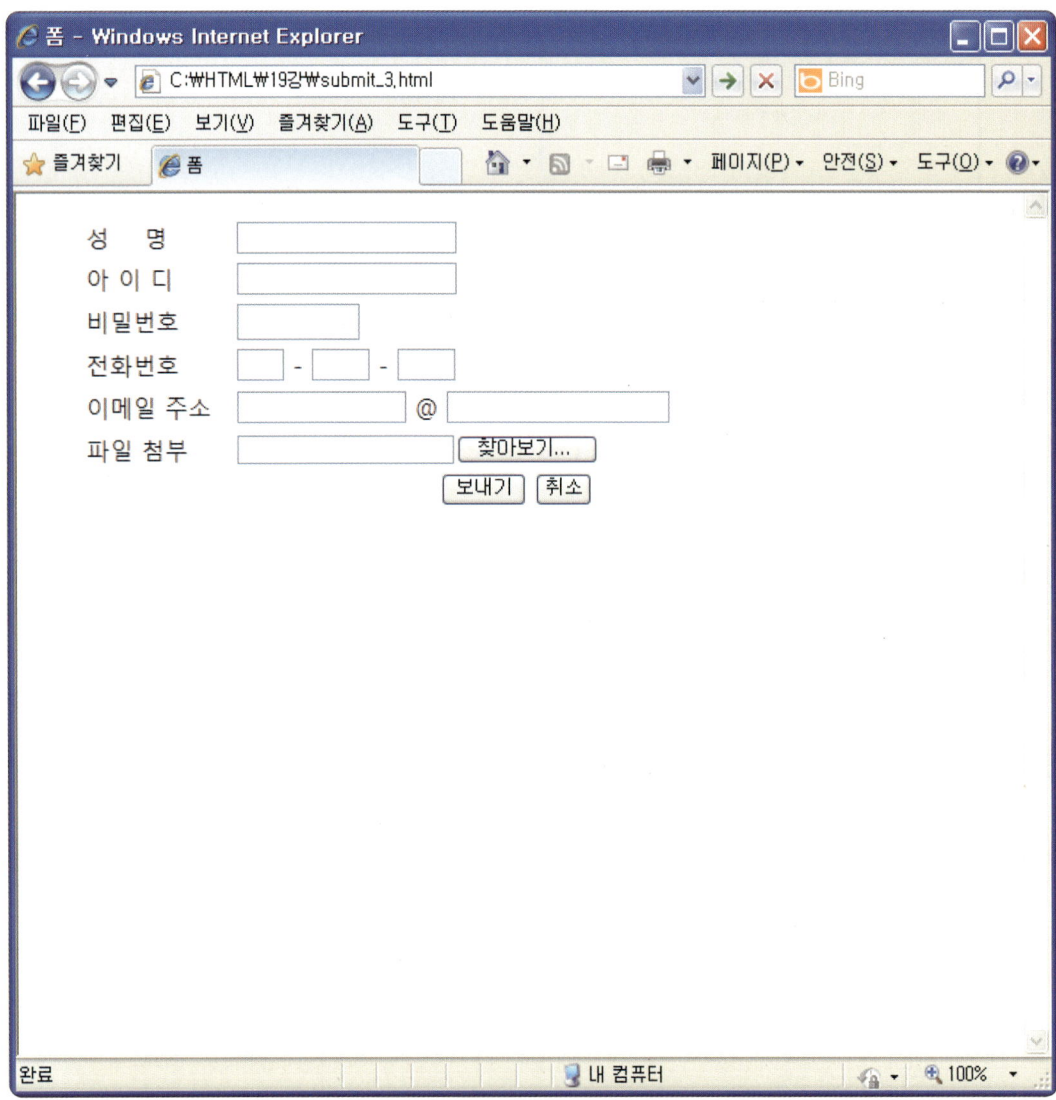

```
<html>
<head>
    <title>폼</title>
</head>
<body>
<font size="4" face="맑은 고딕" >
<form method="post">
<table border="0" align="center" width="600">
  <tr>
    <td width="100">성    명</td>
    <td><input type="text" name="name" size="20"></td>
  </tr>
  <tr>
    <td>아 이 디</td>
    <td><input type="text" name="name" size="20"></td>
  </tr>
  <tr>
    <td>비밀번호</td>
    <td><input type="password" name="password" size="10"></td>
  </tr>
  <tr>
    <td>전화번호</td>
    <td>
<input type="text" name="name" size="3"> -
<input type="text" name="name" size="4"> -
<input type="text" name="name" size="4">
    </td>
  </tr>
  <tr>
    <td>이메일 주소</td>
    <td>
<input type="text" name="name" size="15"> @
<input type="text" name="name" size="20">
    </td>
  </tr>
  <tr>
    <td>파일 첨부</td>
    <td>
<input type="file" name="file">
    </td>
  </tr>
  <tr>
  <td align="center" colspan="2">
   <input type="submit" value="보내기">
   <input type="reset" value="취소">
  </tr>
</font>
</form>
</body>
</html>
```

프레임 태그 알기

20

프레임은 하나의 웹페이지 상에서 웹페이지를 여러 개로 나눈 것으로 웹페이지 안에서 프레임을 이용하여 웹브라우저를 수평, 수직으로 분할하는 방법에 대해 알아봅니다.

⟩⟩ 수평으로 웹브라우저를 나누어 봅니다.

⟩⟩ 수직으로 웹브라우저를 나누어 봅니다.

⟩⟩ 수평/수직으로 웹브라우저를 같이 나누어 봅니다.

배울 내용 미리보기 ✚

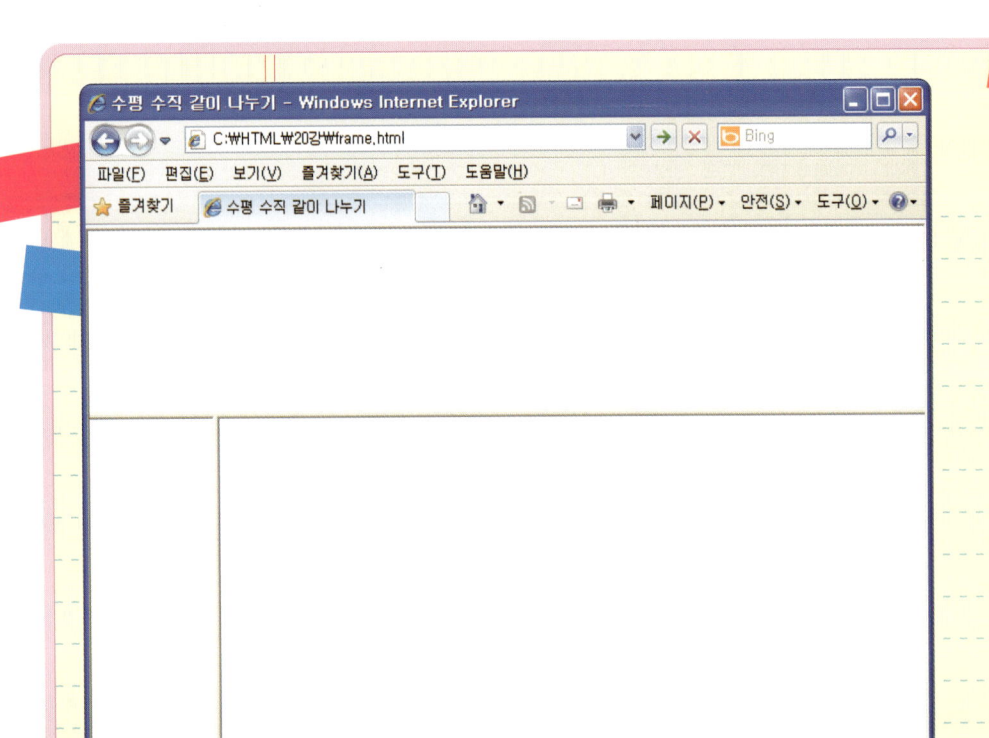

1 다음과 같이 문서와 태그를 입력하고, 'frame_r.html' 로 저장합니다.

```
〈html〉
〈head〉
    〈title〉수평으로 나누기〈/title〉
〈/head〉
〈frameset rows="150,*"〉
  〈frame src="" name=""〉
  〈frame src="" name=""〉
〈/frameset〉

〈/html〉
```

참고 하세요!

iframe 태그를 이용해서 페이지 안에 또 다른 페이지를 만들어 보세요. 공지사항 등에 많이 사용됩니다.

예 〈iframe src="http://ssemssem.com" frameborder="1" width="300" height="150" scrolling="auto" align="right"〉〈/iframe〉

2 'frame_r.html' 을 웹브라우저에서 열기합니다.

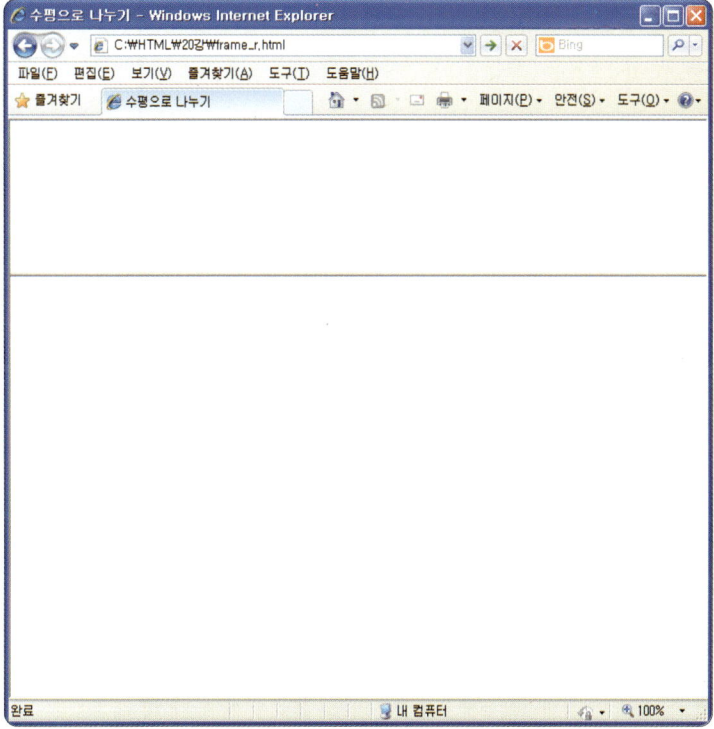

1 다음과 같이 문서와 태그를 입력하고, 'frame_c.html'로 저장합니다.

```
<html>
<head>
    <title>수직으로 나누기</title>
</head>
<frameset cols="50%,*">

  <frame src="" name="">
  <frame src="" name="">
</frameset>
</html>
```

2 'frame_c.html'을 웹브라우저에서 열기합니다.

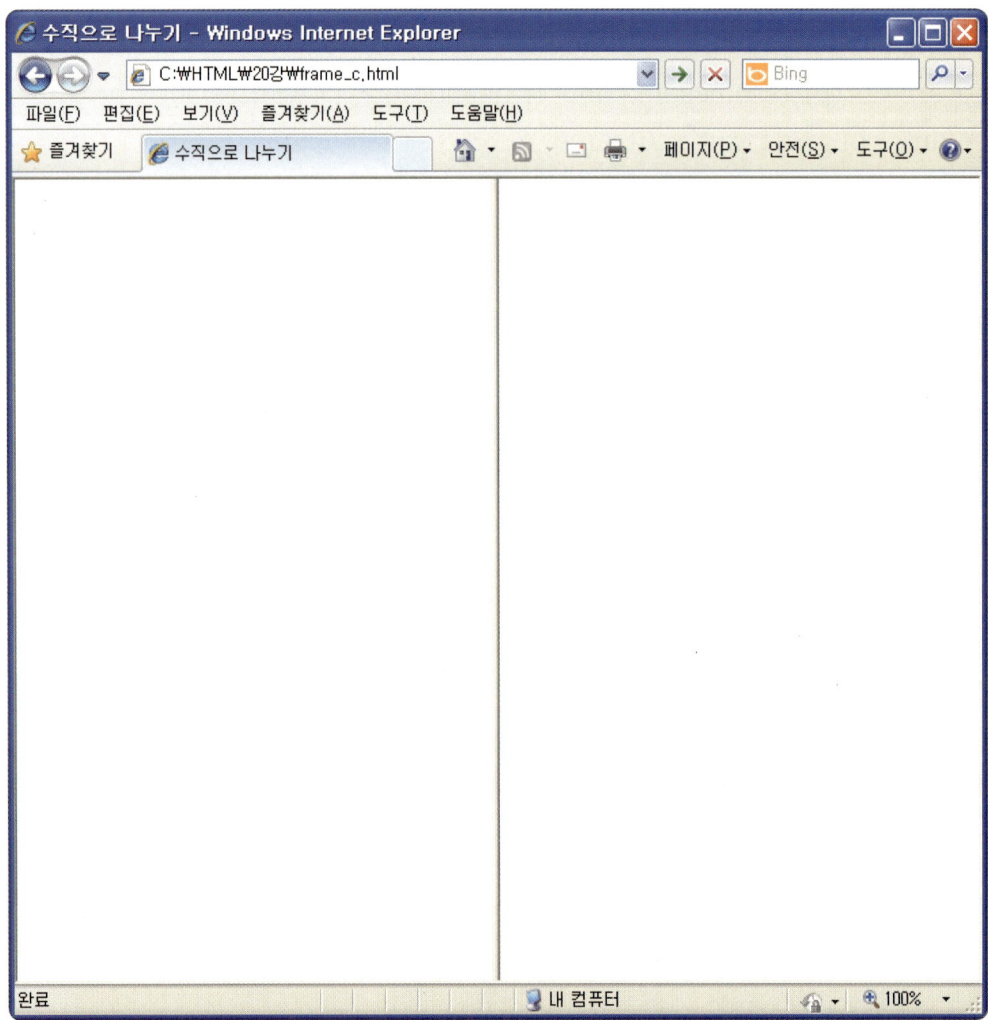

03 수평 수직 같이 나누기

1 다음과 같이 문서와 태그를 입력하고, 'frame.html' 로 저장합니다.

```
<html>
<head>
    <title>수평 수직 같이 나누기</title>
</head>
<frameset rows="150,*">
  <frame>
  <frameset cols="15%,*">
    <frame>
    <frame>
  </frameset>
</frameset>
</html>
```

 참고 하세요!

독립된 프레임은 각각의 웹페이지에 적용되는 명령어를 독립적으로 적용이 가능하나 프레임을 많이 사용할 경우 웹브라우저에서 불러올 때 다소 시간이 더 걸리는 단점이 있습니다.

2 'frame.html' 을 웹브라우저에서 열기합니다.

"혼자 풀어 보세요"

1 다음과 같이 문서를 만들어 저장한 후 웹브라우저에서 불러와서 확인해 봅니다.

▲ 파일명 : frame_01.html

```
<html>
<head>
    <title></title>
</head>
<frameset rows="15%,*">
  <frame src="">
  <frameset rows="90%,*">

    <frame src="">
    <frame src="">
  </frameset>
</frameset>
</html>
```

"혼자 풀어 보세요"

2 다음과 같이 문서를 만들어 저장한 후 웹브라우저에서 불러와서 확인해 봅니다.

▲ 파일명 : frame_02.html

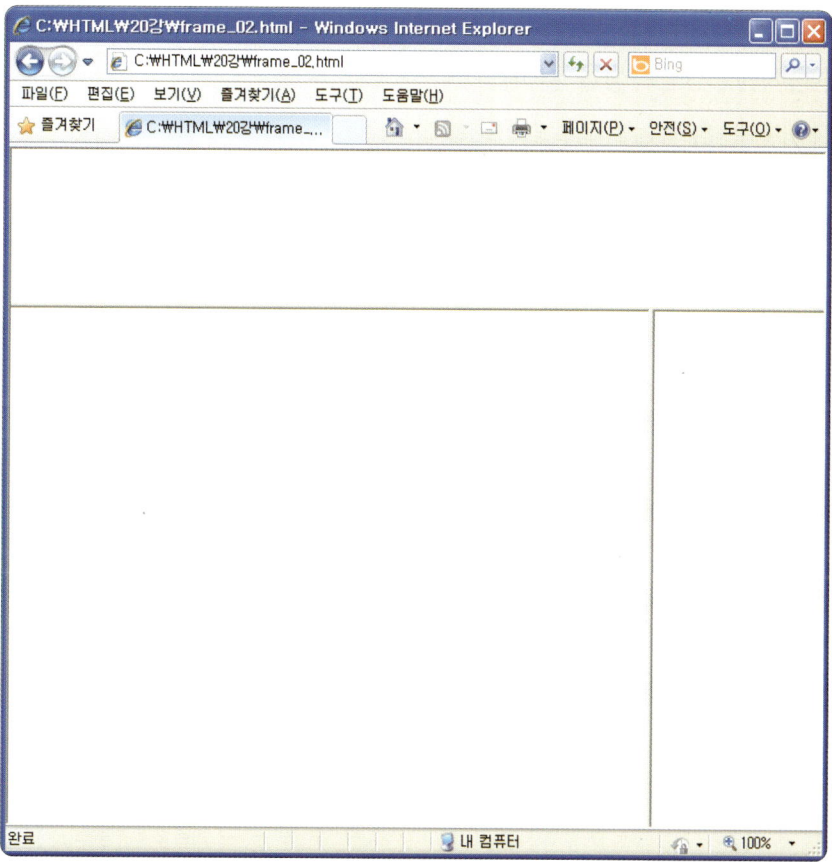

```
<html>
<head>
    <title></title>
</head>
<frameset  rows="130,*">
  <frame src="">
  <frameset cols="*,150">

    <frame src="">
    <frame src="">
  </frameset>
</frameset>
</html>
```

21 프레임 속성 태그 알기 |

웹페이지의 프레임은 독립적인 웹페이지와 같이 각 프레임 별 스크롤 및 여백의 특성 적용이 가능합니다.

▶▶ SCROLLING 속성을 알아봅니다.

▶▶ MARGINWIDTH 속성을 알아봅니다.

▶▶ MARGINHEIGHT 속성을 알아봅니다.

배울 내용 미리보기 ✚

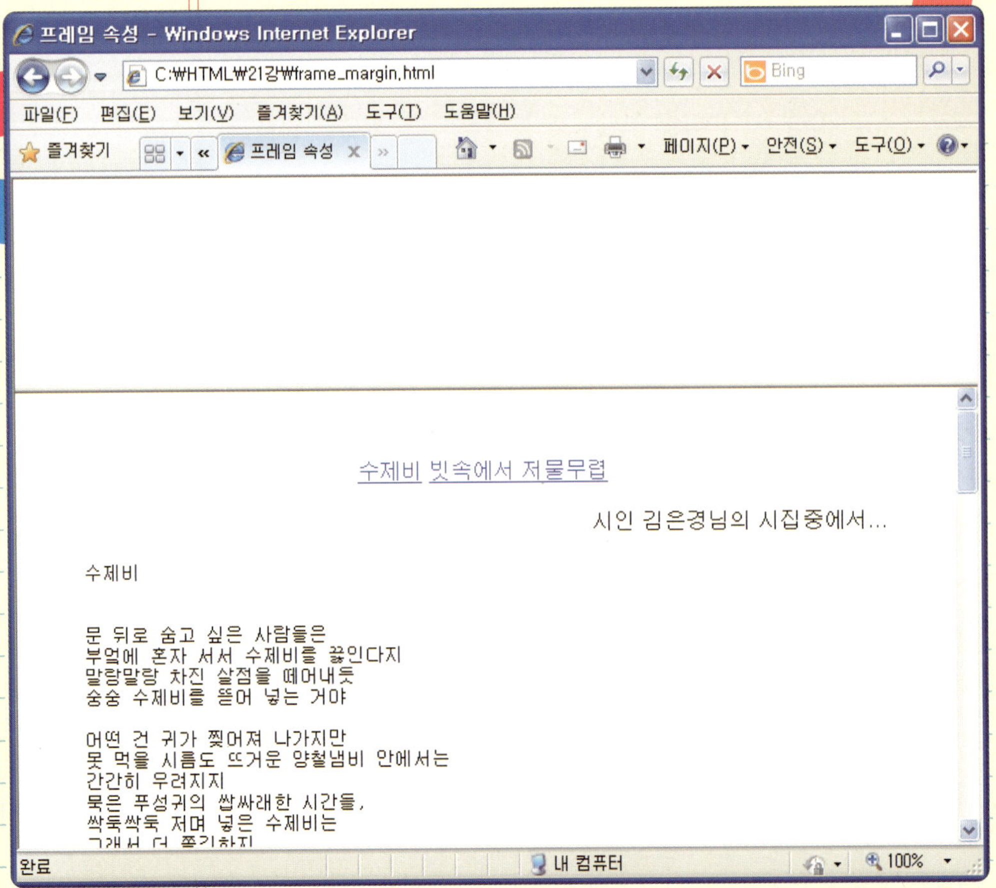

프레임 속성 – Windows Internet Explorer

C:₩HTML₩21강₩frame_margin.html | Bing

파일(F) 편집(E) 보기(V) 즐겨찾기(A) 도구(T) 도움말(H)

즐겨찾기 | 프레임 속성 × | 페이지(P) ▼ 안전(S) ▼ 도구(O) ▼

수제비 빗속에서 저물무렵

시인 김은경님의 시집중에서...

수제비

문 뒤로 숨고 싶은 사람들은
부엌에 혼자 서서 수제비를 끓인다지
말랑말랑 차진 살점을 떼어내듯
숭숭 수제비를 뜯어 넣는 거야

어떤 건 귀가 찢어져 나가지만
못 먹을 시름도 뜨거운 양철냄비 안에서는
간간히 우려지지
묵은 푸성귀의 쌉싸래한 시간들,
싹둑싹둑 저며 넣은 수제비는
그래서 더 쫄깃하지

완료 | 내 컴퓨터 | 100%

① 다음과 같이 문서와 태그를 입력하고, 'frame_scroll.html' 로 저장합니다.

```
<html>
<head>
    <title>프레임 속성</title>
</head>
<frameset rows="150,*">
  <frame src="" name="" scrolling="no">
  <frame src="" name="" scrolling="yes">
</frameset>
</html>
```

② 'frame_scroll.htmll' 을 웹브라우저에서 열기합니다. 다음과 같이 아래 프레임에 스크롤이 지정되었습니다.

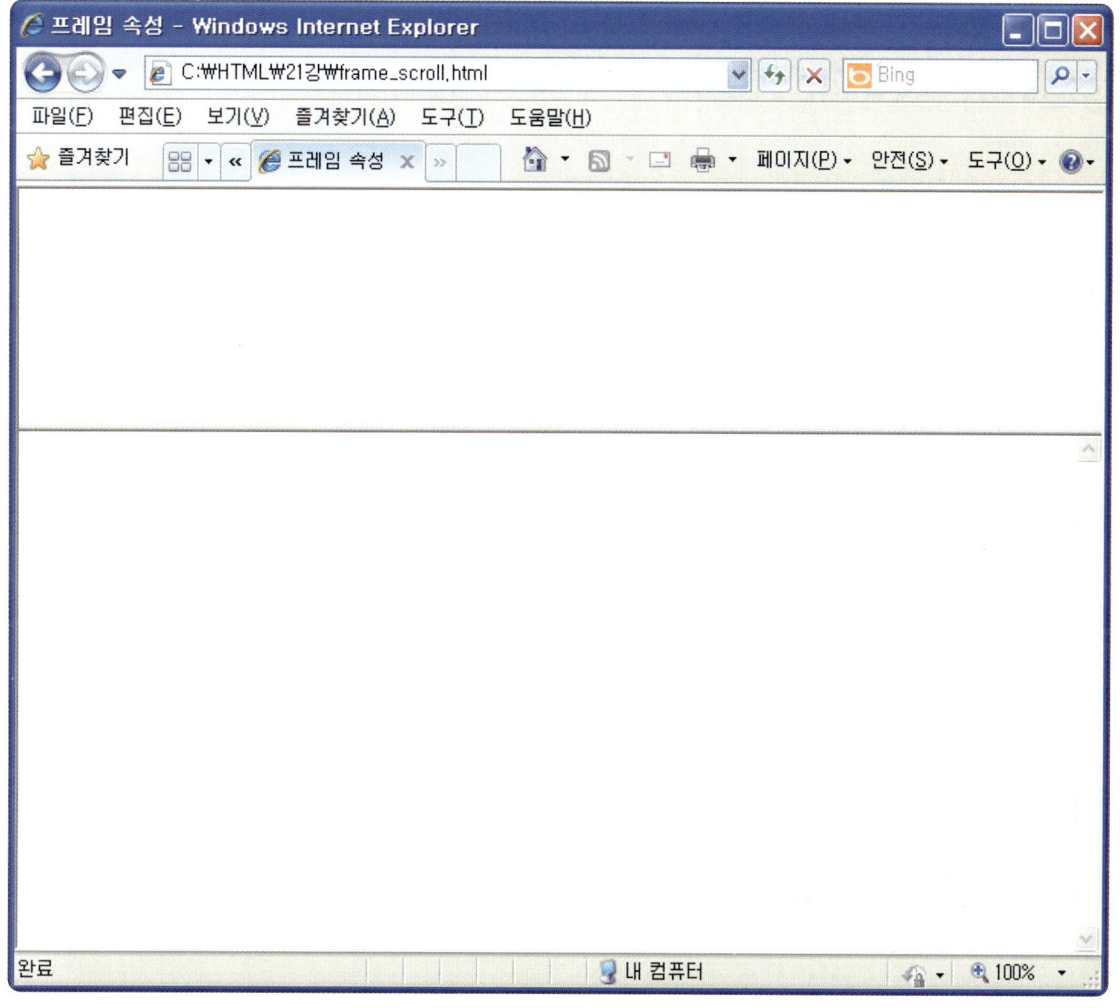

1 다음과 같이 문서와 태그를 입력하고, 'frame_margin.html' 로 저장합니다.

```
〈html〉
〈head〉
    〈title〉프레임 속성〈/title〉
〈/head〉
〈frameset rows="150,*"〉
  〈frame src="" name="" scrolling="no"〉
  〈frame src="rice_cake.html" name="" marginwidth="50" marginheight="50"〉
〈/frameset〉
〈/html〉
```

2 'frame_margin.html' 을 웹브라우저에서 열기합니다. 다음과 같이 아래 프레임의 가로 여백과 세로 여백이 지정되었답니다.

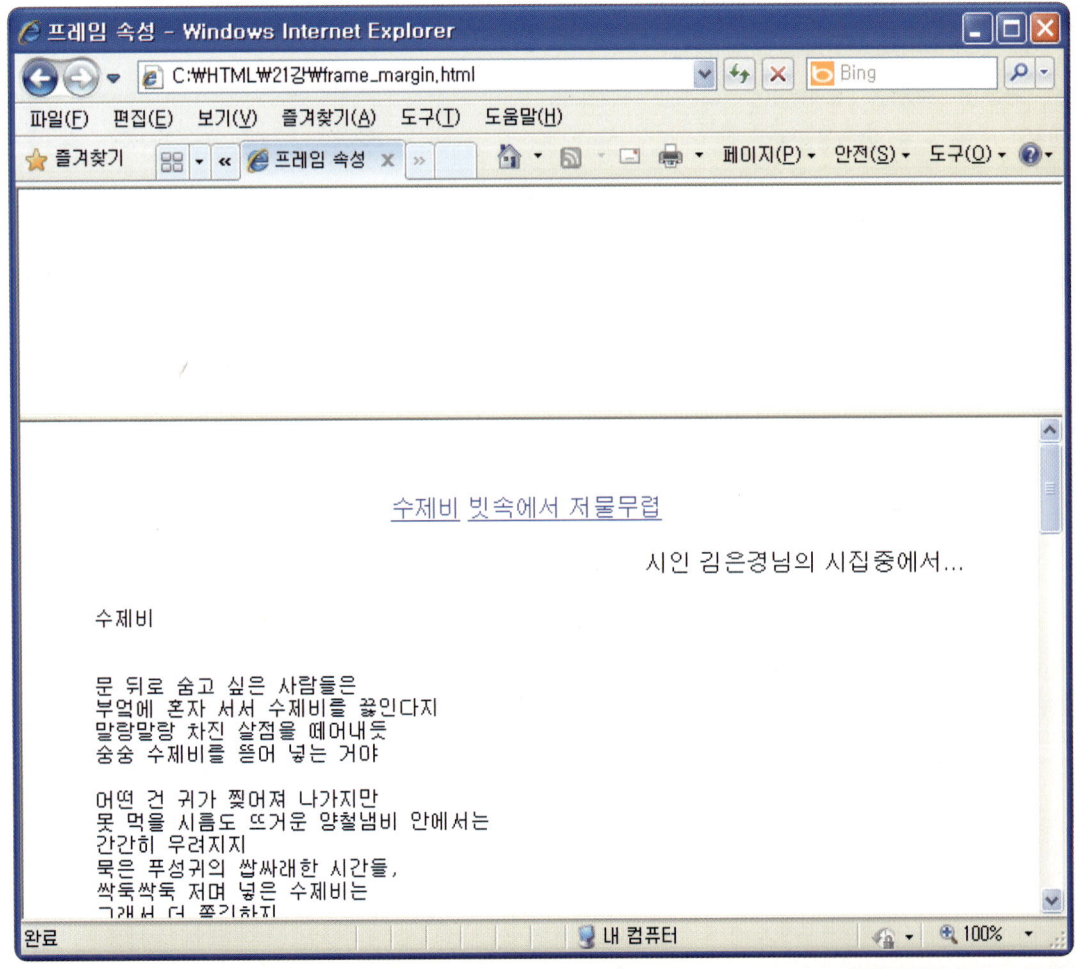

"혼자 풀어 보세요"

1 다음과 같이 문서를 만들어 저장한 후 웹브라우저에서 불러와서 확인해 봅니다.

▲ 파일명 : frame_ex.html

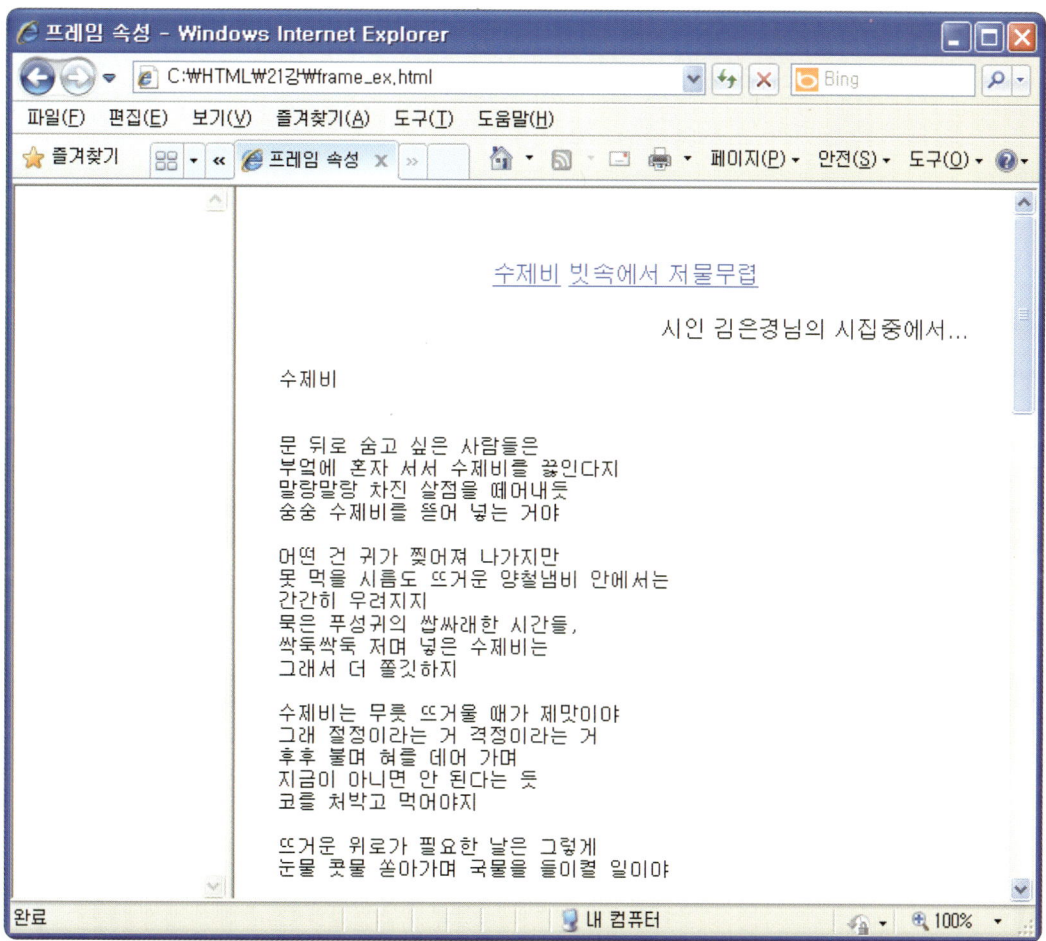

```
<html>
<head>
    <title>프레임 속성</title>
</head>
<frameset cols="150,*">
  <frame src="" name="" scrolling="yes">
    <frame src="rice_cake.html" name="" scrolling="yes"
marginwidth="30" marginheight="50" scrolling="no">
</frameset>
</html>
```

22 프레임 속성 태그 알기 II

웹페이지 상에서 구현되는 프레임의 선에 대해 정의하고 웹브라우저 상에서 프레임의 크기가 일정하게 표시 되게 하며 특정 프레임에 원하는 데이터 표시가 가능한 명령에 대해 배워 봅니다.

- BORDER 속성을 알아 봅니다.
- NORESIZE 속성을 알아 봅니다.
- TARGET 속성을 알아 봅니다.

배울 내용 미리보기

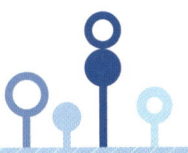

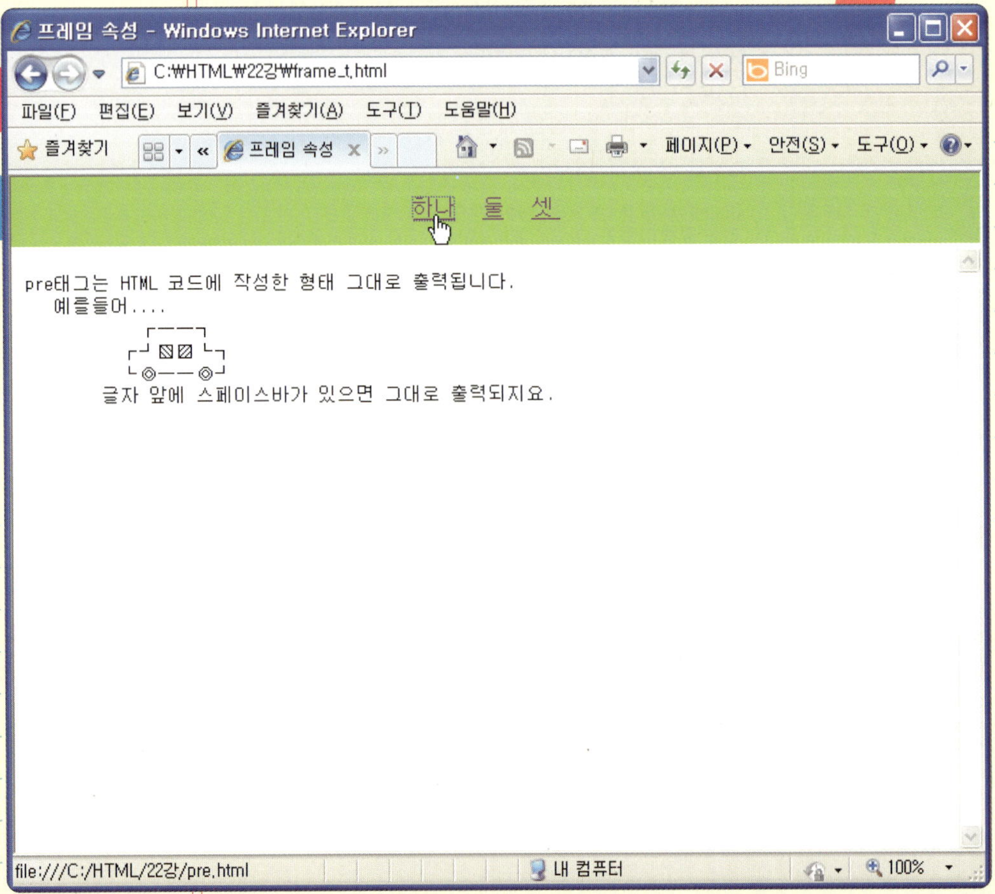

프레임 속성 - Windows Internet Explorer
C:₩HTML₩22강₩frame_t.html
파일(F) 편집(E) 보기(V) 즐겨찾기(A) 도구(T) 도움말(H)
즐겨찾기
프레임 속성
페이지(P) 안전(S) 도구(O)
하나 둘 셋
pre태그는 HTML 코드에 작성한 형태 그대로 출력됩니다.
예를들어....
글자 앞에 스페이스바가 있으면 그대로 출력되지요.
file:///C:/HTML/22강/pre.html
내 컴퓨터
100%

1 다음과 같이 문서와 태그를 입력하고, 'top.html'로 저장합니다.

```
<html>
<head>
    <title>top</title>
</head>
<body bgcolor="#FFFFCC">
<p align="center">
하나    둘    셋   
</p>
</body>
</html>
```

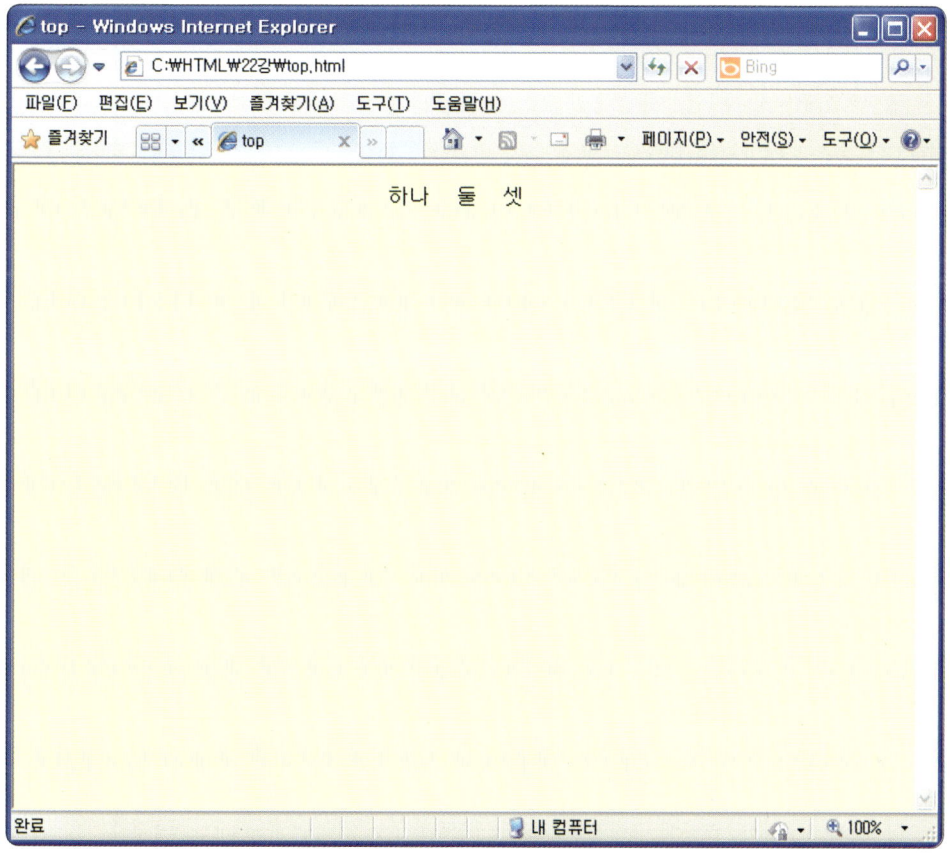

2 다음과 같이 문서와 태그를 입력하고, 'frame_border.html' 로 저장한 후 웹브라우저에서 열기 합니다. 프레임의 선이 보이지 않는답니다. border 의 속성 값을 변경해서 연습해 봅니다.

```
<html>
<head>
    <title>프레임 속성</title>
</head>
<frameset rows="50,*" border="0">
  <frame src="top.html" name="" scrolling="no">
  <frame src="" name="" scrolling="yes">
</frameset>
</html>
```

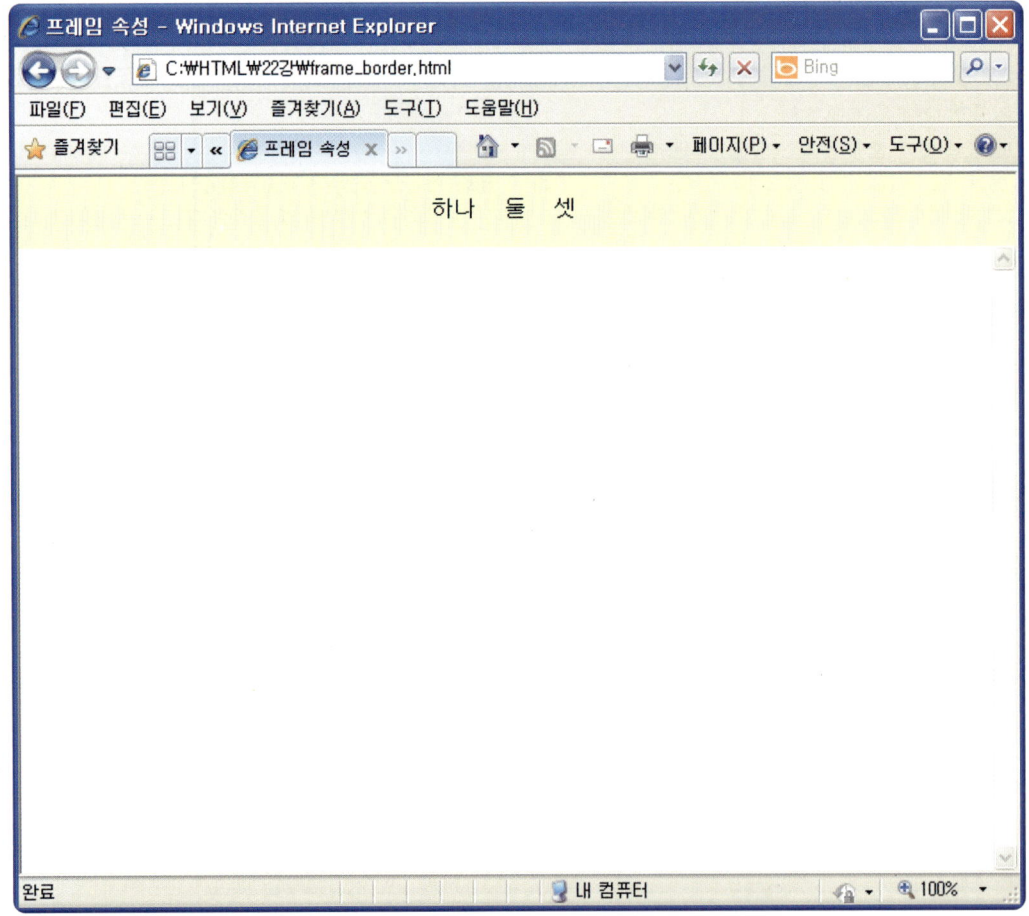

1 다음과 같이 문서와 태그를 입력하고, 'frame_noresize.html' 로 저장합니다.

```
〈html〉
〈head〉
    〈title〉프레임 속성〈/title〉
〈/head〉
〈frameset rows="50,*" border="5"〉
  〈frame src="top.html" name="" noresize〉
  〈frame src="" name="" scrolling="auto"〉
〈/frameset〉
〈/html〉
```

2 'frame_noresize.html' 을 웹브라우저에서 열기합니다. 프레임의 경계선을 움직여 봅니다. 프레임창이 드래그로 움직이지 않게 된답니다.

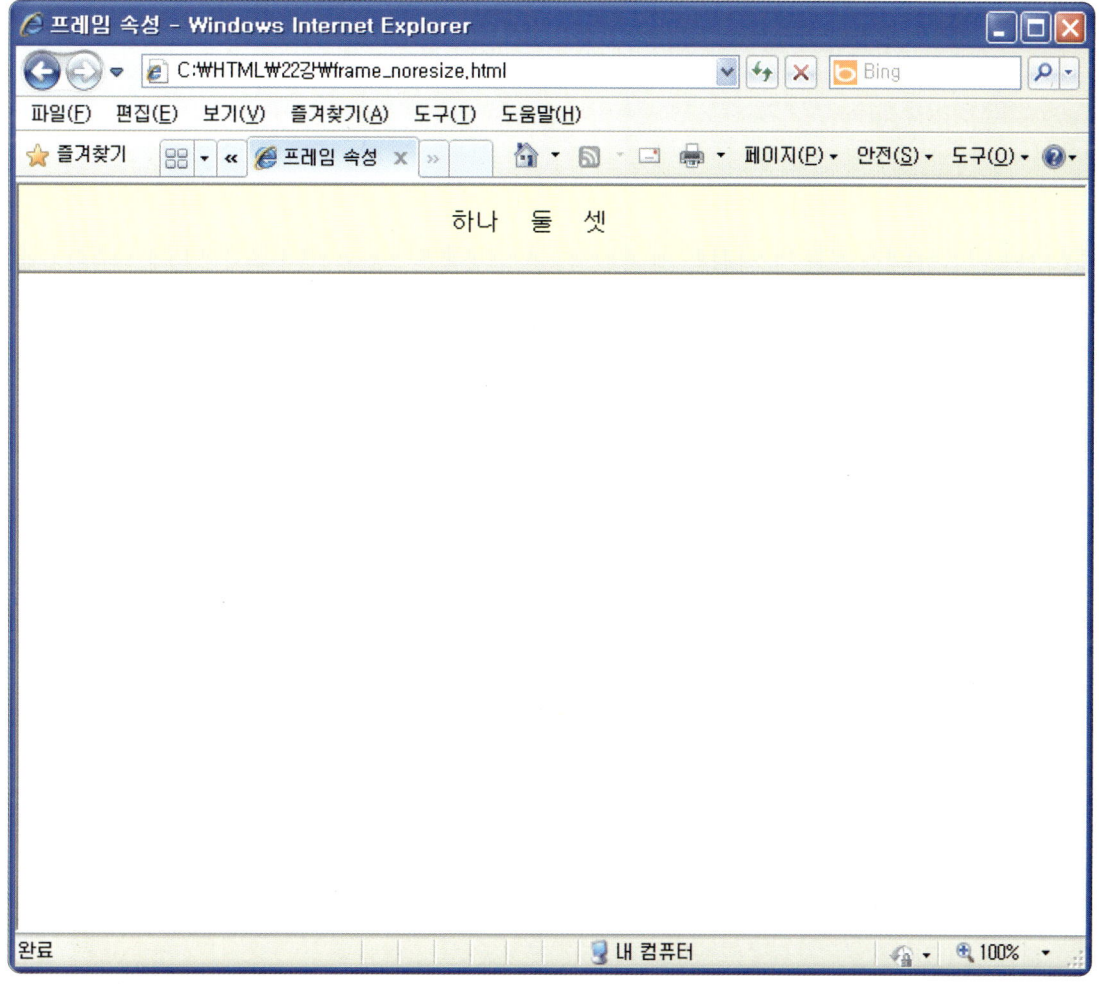

1 'top.html' 을 불러와서 다음과 같이 태그를 수정 입력한 후 'top_1.html' 으로 저장합니다.

```
<html>
<head>
    <title>프레임 속성</title>
</head>
<body bgcolor="bluesky">
<p align="center">
<a href="pre.html" target="b">하나</a>
  
<a href="marquee.html" target="b">둘</a>
  
<a href="ul.html" target="b">셋 </a>
  
</p>
</body>
</html>
```

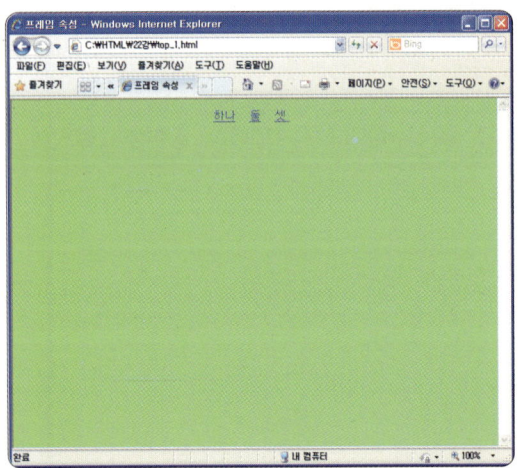

2 'frame_border.html' 을 불러와서 다음과 같이 태그를 수정 입력한 후 'frame_t.html' 으로 저장합니다.

```
<html>
<head>
    <title>프레임 속성</title>
</head>
<frameset rows="50,*" border="1">
  <frame src="top1.html" name="a" scrolling="no">
  <frame src="body_background.html" name="b" scrolling="yes">
</frameset>
</html>
```

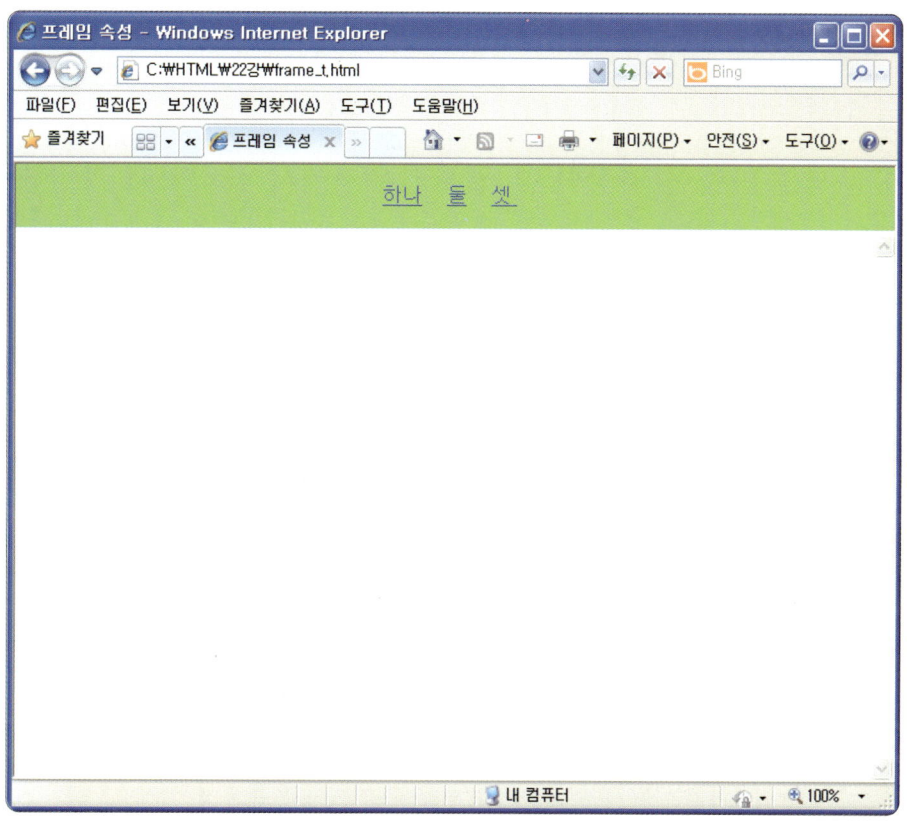

③ 'frame_t.html'을 열기 한 후 하나, 둘, 셋을 클릭해 봅니다.

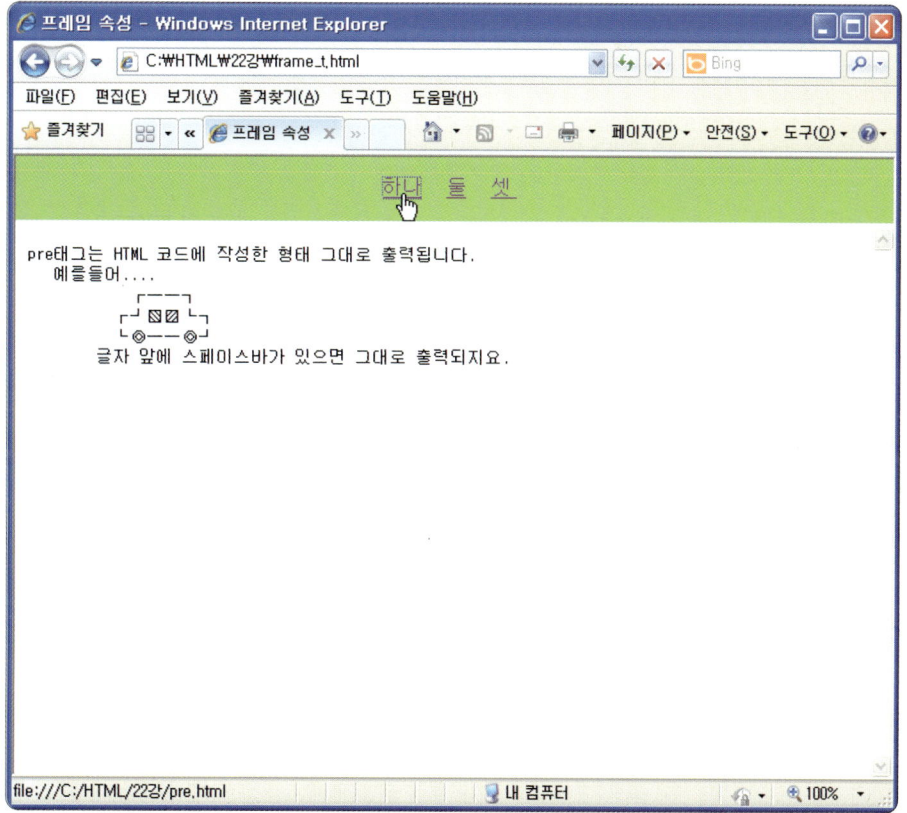

"혼자 풀어 보세요"

1 다음과 같이 문서를 만들어 저장한 후 웹브라우저에서 불러와서 확인해 봅니다.

▲ 파일명 : top_ex.html

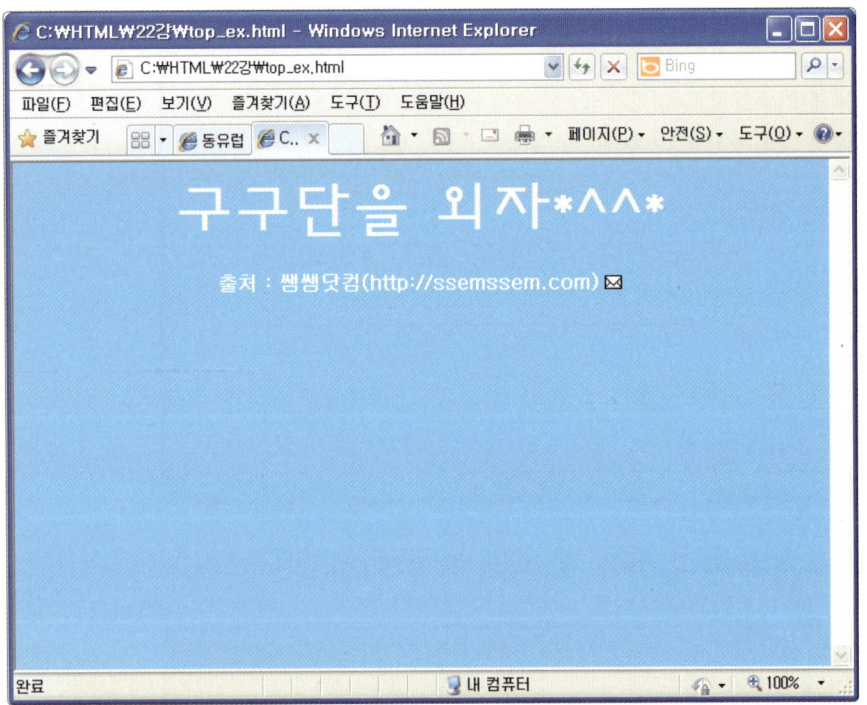

```
<html>
<head>
    <title></title>
</head>
<body bgcolor="#66CCFF" text="white">
    <p align="center">
      <font face="HY나무M" size=7>
         <b>구구단을 외자*^^* </b>
      </font>
    </p>
    <p align="center">
      <b>출처 : 쌤쌤닷컴(http://ssemssem.com)</b>
      <a href="mailto:wooam@ssemssem.com">
        <img src="images/email.gif" width="14" height="11" border="0">
      </a>
    </P>
</html>
```

2 다음과 같이 문서를 만들어 저장한 후 웹브라우저에서 불러와서 확인해 봅니다.

▲ 파일명 : left_ex.html

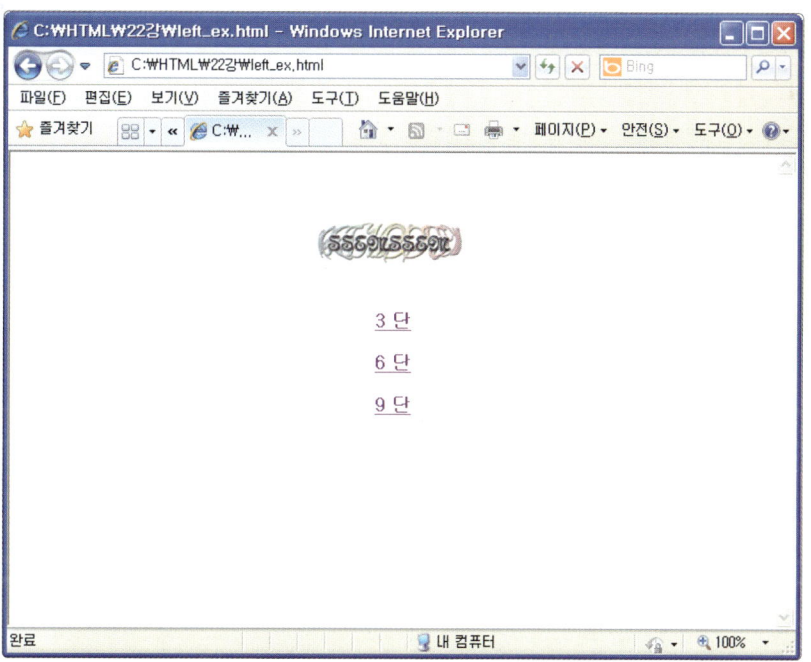

```
<html>
<head><title></title></head>
<body>
<p align="center">
   <img src="images/logo.jpg" width="200px" height="120"><br>
<font color="#FF6633">
  <b>
  <a href="main_ex.html" target="center">3 단</a>
    <br><br>
  <a href="images/img06.jpg" target="center">6 단</a>
    </br><br>
  <a href="images/img09.jpg" target="center">9 단</a>
  </b>
 </font>
 </p>
</html>
```

3

다음과 같이 문서를 만들어 저장한 후 웹브라우저에서 불러와서 확인해 봅니다.

▲ 파일명 : main_ex.html

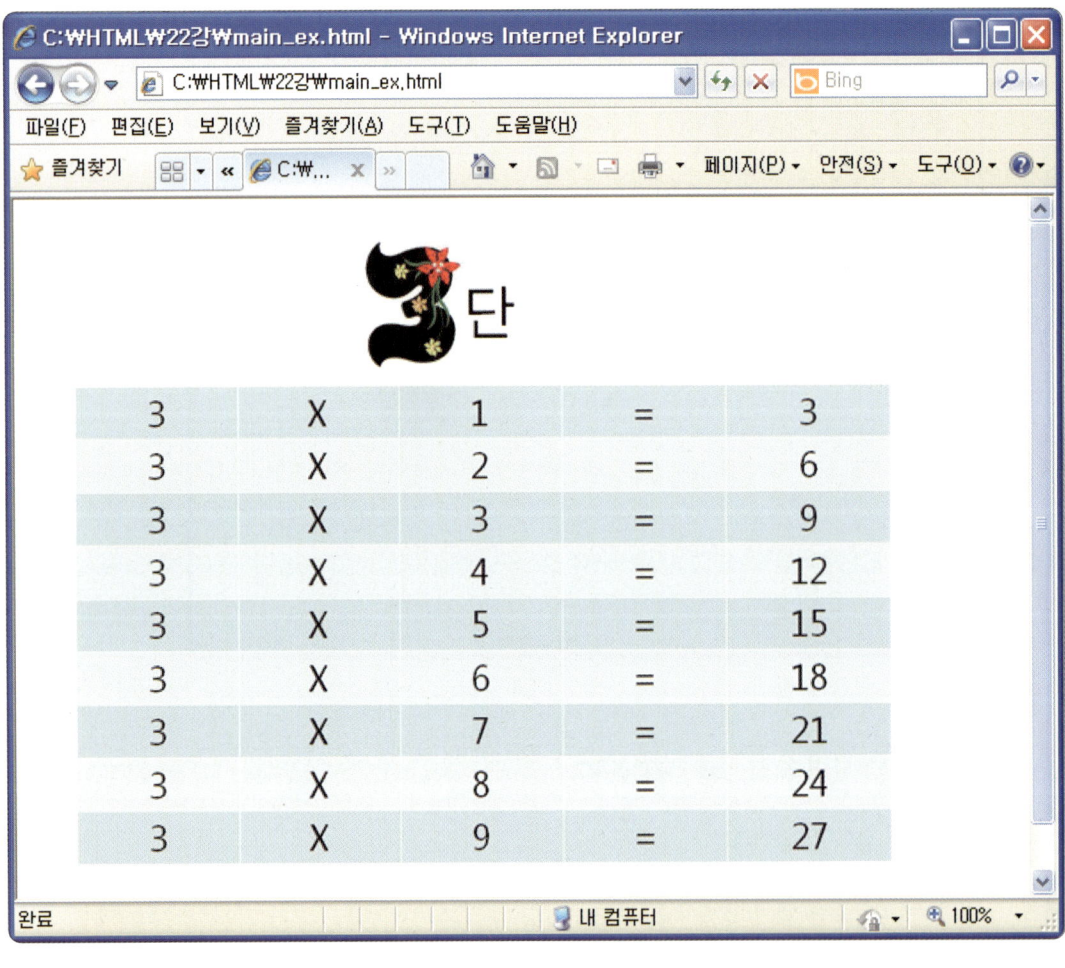

```
<html>
<head>
        <title></title>
</head>
<img src="images/img_03.jpg"><br>

</html>
```

4 다음과 같이 문서를 만들어 저장한 후 웹브라우저에서 불러와서 확인해 봅니다.

▲ 파일명 : index_ex.html

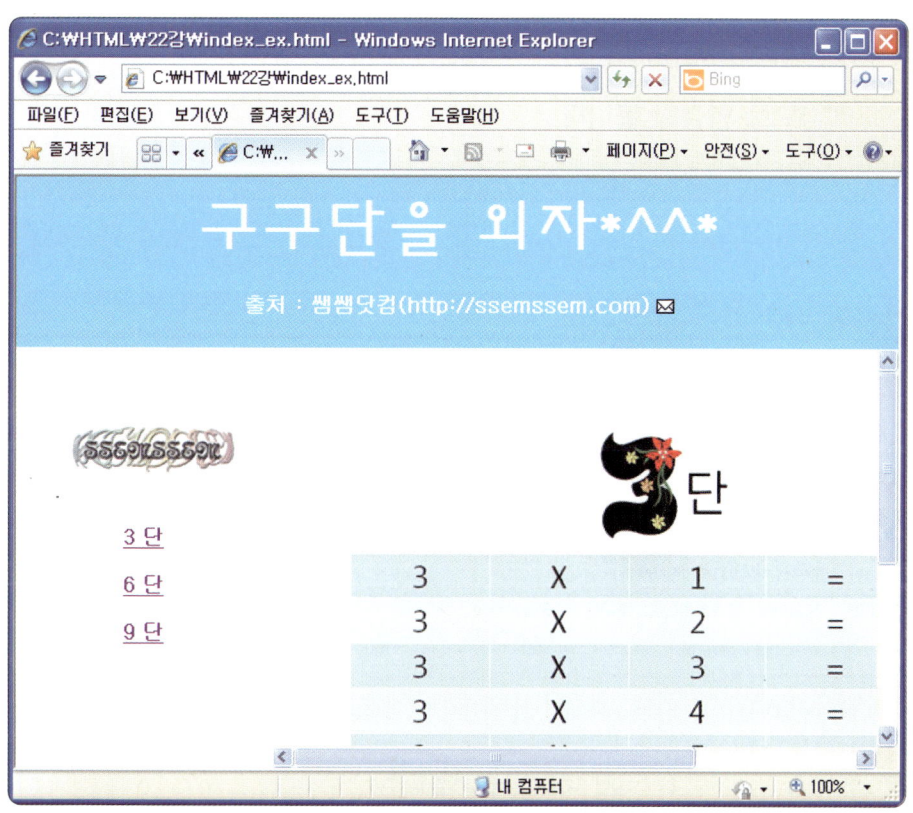

```
<html>
<head>
        <title></title>
</head>
<frameset rows="130,*" border="0">
  <frame scrolling="no" src="top_ex.html">
  <frameset cols="200,*">
    <frame scrolling="no" src="left_ex.html">
      <frame name="center" src="main_ex.html" marginwidth="30"
marginheight="50">
  </frameset>
</frameset>
</html>
```

웹페이지 만들기

인터넷 사용자가 특정 홈페이지를 호출하는 경우 웹 서버는 대상 웹페이지에 대해 기준이 되는 웹페이지를 사용자에게 응답하게 되는데 이를 index 웹페이지라 합니다. index 페이지를 프레임 형식으로 만들어 봅니다.

▶▶ 웹페이지를 만들어 봅니다.

▶▶ 프레임으로 연결해 봅니다.

배울 내용 미리보기

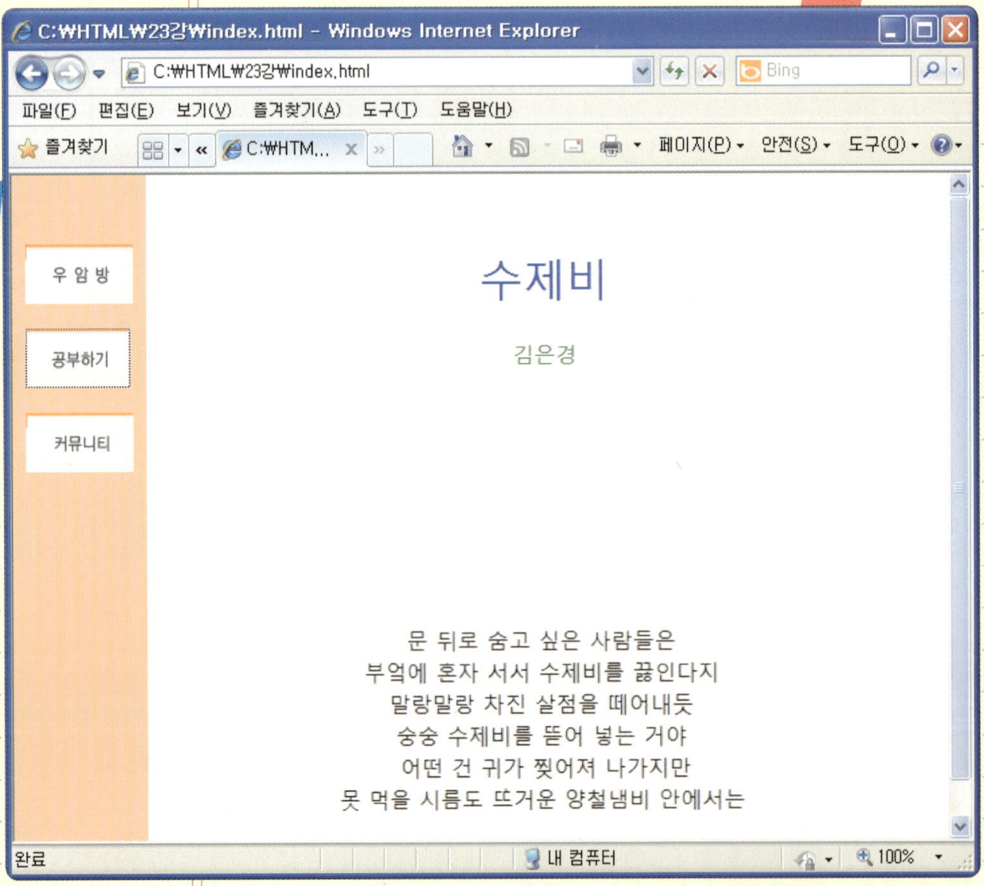

01 top_f.html 페이지 만들기

1 다음과 같이 문서와 태그를 입력하고, 'top_f.html'로 저장합니다.

```
<html>
<head>
    <title>프레임 속성</title>
</head>
<body bgcolor="#ffcc99" topmargin="50">
<p align="center">
<a href="main1.html" target="main"><img src="images/menu02.gif"
border="0"></a><br><br>
<a href="main2.html" target="main"><img src="images/menu03.gif"
border="0"></a><br><br>
<a href="http://ssemssem.com" target="main"><img src="images/menu05.gif"
border="0"></a>
</p>
</body>
</html>
```

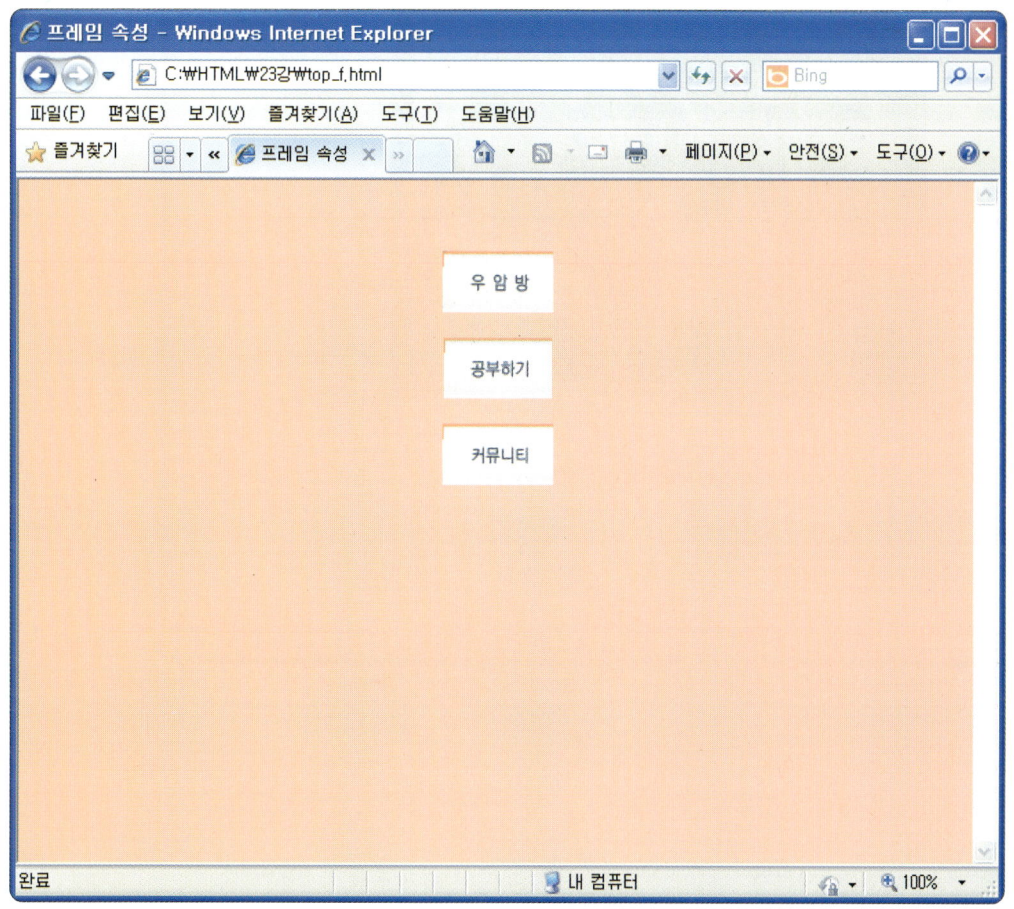

02 main1.html 페이지 만들기

1 다음과 같이 문서와 태그를 입력하고, 'main1.html'로 저장합니다.

```
<html>
<head></head>
<body>
<p align="center">
<img src="images/ssem.jpg">
<img src="images/aboutwooam.gif">
</p>
</body>
</html>
```

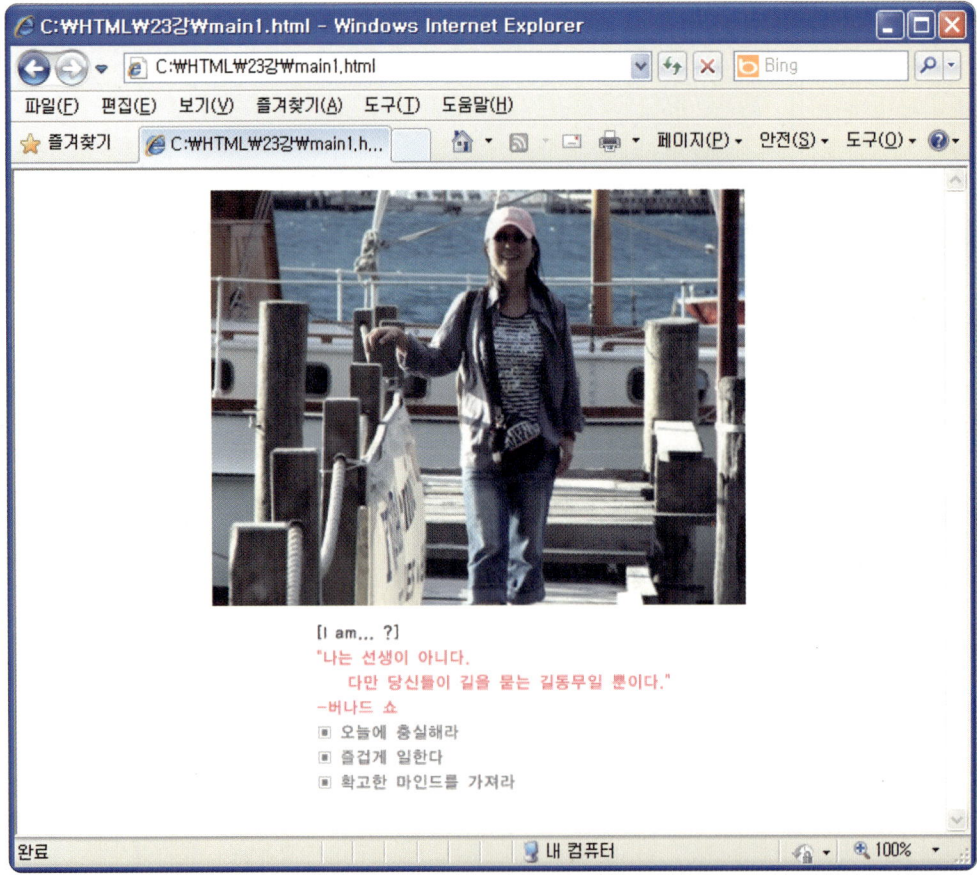

1 다음과 같이 문서와 태그를 입력하고, 'main2.html'로 저장합니다.

```
<html>
<head>
</head>
<body>
<p align="center">
    <font size="6" face="맑은 고딕,궁서체" color="blue">수제비

</font>
</p>

<p align="center">
    <font size="" face="맑은 고딕,휴먼모음T" color="green">김은경</font>
</p>

<marquee direction="up" scrollamount="2" height="300">
<pre>
<p align="center"><font size="" face="맑은 고딕,휴먼모음T">
문 뒤로 숨고 싶은 사람들은
부엌에 혼자 서서 수제비를 끓인다지
말랑말랑 차진 살점을 떼어내듯
숭숭 수제비를 뜯어 넣는 거야
어떤 건 귀가 찢어져 나가지만
못 먹을 시름도 뜨거운 양철냄비 안에서는
간간히 우려지지
묵은 푸성귀의 쌉싸래한 시간들,
싹둑싹둑 저며 넣은 수제비는
그래서 더 쫄깃하지

수제비는 무릇 뜨거울 때가 제맛이야
그래 절정이라는 거 격정이라는 거
후후 불며 혀를 데어 가며
지금이 아니면 안 된다는 듯
코를 처박고 먹어야지

뜨거운 위로가 필요한 날은 그렇게
눈물 콧물 쏟아가며 국물을 들이켤 일이야

허기진 것들을 거두어 먹이는 일보다 더 징글징글한
일은 세상에 없는 법이라고
그보다 더 예의 바른 저녁도 없을 거라고
</p></font>
</pre>
</marquee>
</body>
</html>
```

04 프레임으로 연결하기

1 다음과 같이 문서와 태그를 입력하고, 'index.html' 로 저장합니다.

```html
<html>
 <frameset cols="100,*" border="0">
  <frame src="top_f.html" noresize>
  <frame src="" name="main" marginheight="50">
 </frameset>
</html>
```

2 'index.html' 을 열기합니다. 프레임으로 연결되었는지 링크를 클릭해 봅니다.

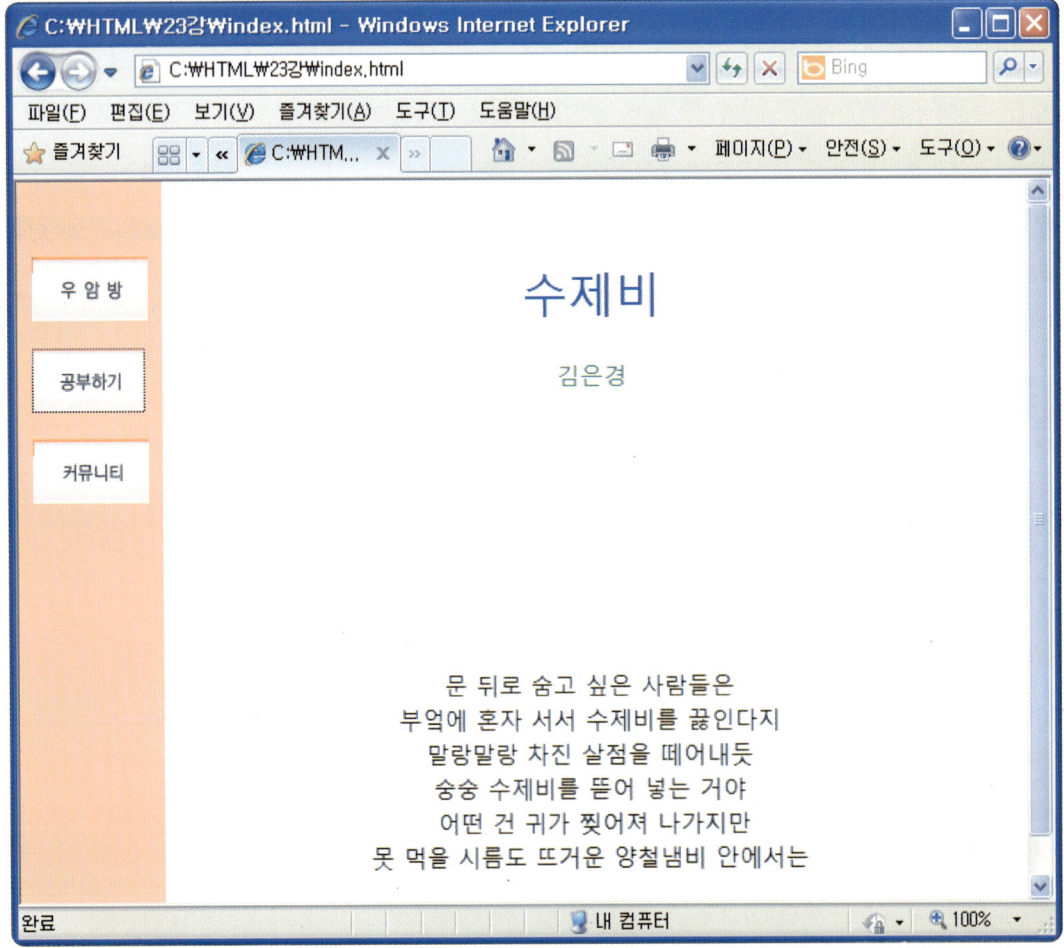

"혼자 풀어 보세요"

1 다음과 같이 문서를 만들어 저장한 후 웹브라우저에서 불러와서 확인해 봅니다.

▲ 파일명 : top_2.html

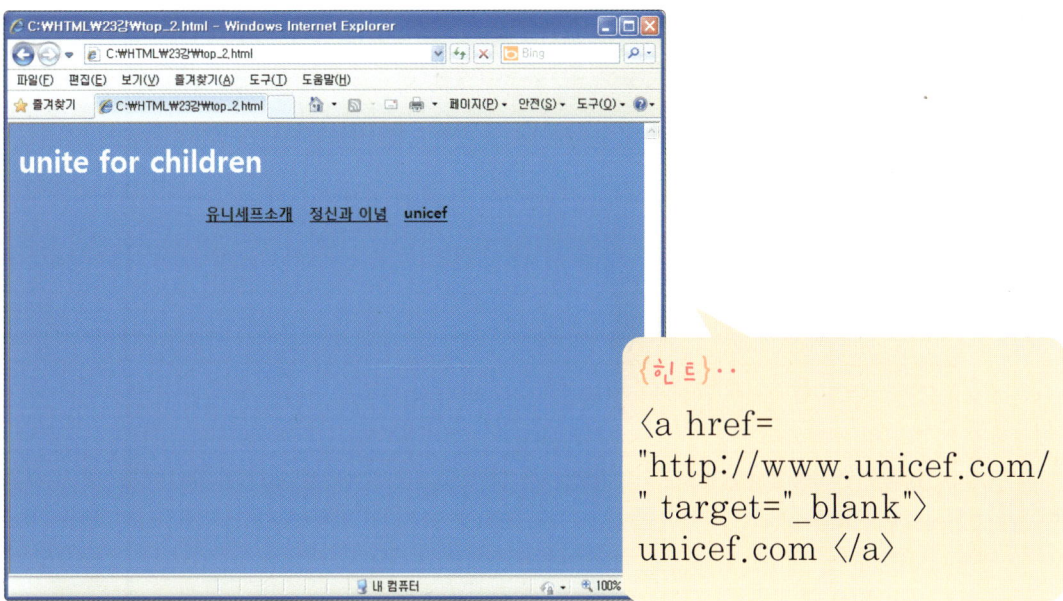

〈힌 트〉··
〈a href=
"http://www.unicef.com/
" target="_blank"〉
unicef.com 〈/a〉

```
〈html〉
〈head〉
〈/head〉
〈body bgcolor="#0099FF" link="FFFFFF" alink="FFFF00"
vlink="#000000"〉
 〈font color="#FFFFFF" face="맑은 고딕"〉
  〈h1〉unite for children〈/h1〉
   〈p align="center"〉
     〈b〉
     〈a href="main11.html" target="center"〉유니세프소개〈/a〉  
     〈a href="main12.html" target="center"〉정신과 이념〈/a〉  
     〈a href="http://www.unicef.or.kr" target="_blank"〉unicef〈/a〉
   〈/font〉
     〈/b〉
   〈/p〉
〈/body〉
〈/html〉
```

"혼자 풀어 보세요"

2 다음과 같이 문서를 만들어 저장한 후 웹브라우저에서 불러와서 확인해 봅니다.

▲ 파일명 : main11.html

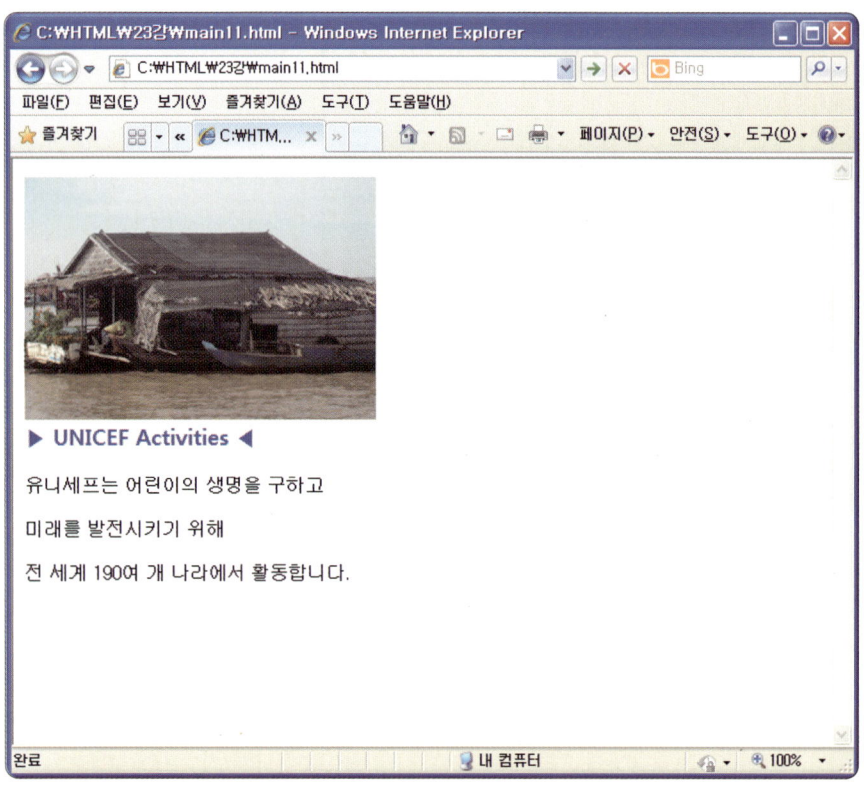

```
<html>
<head>
    <title></title>
</head>
<body>
  <img src="images/pic_health.jpg" width="300" height="200"><br>
   <b>
   <font size="4" color="blue" face="맑은 고딕">
      ▶ UNICEF Activities ◀
   </font>
  </b><br><br>
     유니세프는 어린이의 생명을 구하고 <br><br>
     미래를 발전시키기 위해 <br><br>
     전 세계 190여 개 나라에서 활동합니다. <br><br>
</body>
</html>
```

3 다음과 같이 문서를 만들어 저장한 후 웹브라우저에서 불러와서 확인해 봅니다.

▲ 파일명 : main12.html

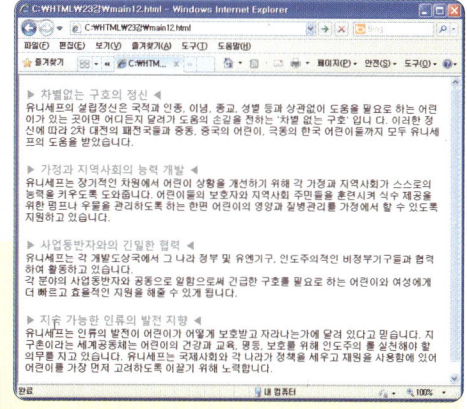

```
<html>
<head>
    <title></title>
</head>
<body>
<b><font size="4" color="#999999" face="맑은 고딕">
▶ 차별없는 구호의 정신 ◀</font></b><br>
유니세프의 설립정신은 국적과 인종, 이념, 종교, 성별 등과 상관없이 도움을 필요로 하는 어린이가 있는 곳이면 어디든지 달려가 도움의 손길을 전하는 '차별없는 구호' 입니 다. 이러한 정신에 따라 2차 대전의 패전국들과 중동, 중국의 어린이, 극동의 한국 어린이들까지 모두 유니세프의 도움을 받았습니다.<br><br>
<b><font size="4" color="#999999" face="맑은 고딕">
▶ 가정과 지역사회의 능력 개발 ◀</font></b><br>
유니세프는 장기적인 차원에서 어린이 상황을 개선하기 위해 각 가정과 지역사회가 스스로의 능력을 키우도록 도와줍니다. 어린이들의 보호자와 지역사회 주민들을 훈련시켜 식수 제공을 위한 펌프나 우물을 관리하도록 하는 한편 어린이의 영양과 질병관리를 가정에서 할 수 있도록 지원하고 있습니다.<br><br>
<b><font size="4" color="#999999" face="맑은 고딕">
▶ 사업동반자와의 긴밀한 협력 ◀</font></b><br>
유니세프는 각 개발도상국에서 그 나라 정부 및 유엔기구, 인도주의적인 비정부 기구들과 협력하여 활동하고 있습니다. <br>
각 분야의 사업동반자와 공동으로 일함으로써 긴급한 구호를 필요로 하는 어린이와 여성에게 더 빠르고 효율적인 지원을 해줄 수 있게 됩니다.
<br><br>
<b><font size="4" color="#999999" face="맑은 고딕">
▶ 지속 가능한 인류의 발전 지향 ◀</font></b><br>
유니세프는 인류의 발전이 어린이가 어떻게 보호받고 자라나는가에 달려 있다고 믿습니다. 지구촌이라는 세계공동체는 어린이의 건강과 교육, 평등, 보호를 위해 인도주의 를 실천해야 할 의무를 지고 있습니다. 유니세프는 국제사회와 각 나라가 정책을 세우고 재원을 사용함에 있어 어린이를 가장 먼저 고려하도록 이끌기 위해 노력합니다.
<br><br>
</body>
</html>
```

"혼자 풀어 보세요"

4 다음과 같이 문서를 만들어 저장한 후 웹브라우저에서 불러와서 확인해 봅니다.

▲ 파일명 : index_ex.html

```
<html>
<head>
      <title>unicef</title>
</head>
<frameset rows="130,*" border="0">

      <frame src="top_2.htm" scrolling="no">
      <frame src="main11.htm" marginwidth="50"
       marginheight="50"name="center">
</frameset>
</html>
```

5 unicef를 클릭해서 유니세프 홈페이지를 새창 띄우기로 열어봅니다.

홈페이지 태그 총정리

우리가 앞에서 다루었던 태그를 [body], [서식 관련 태그], [목록 정의], [marquee], [이미지], [멀티미디어], [링크], [표], [폼태그], [프레임] 등으로 분류로 나누어서 보기 쉽게 정리해 보도록 하겠습니다.

body

〈body bgcolor=""〉	배경색 지정
〈body background=""〉	배경 이미지 지정
〈body text=""〉	글자색 지정
〈body link =""vlink=""alink=""〉	링크된, 방문한, 클릭했을 때 글자의 색을 지정
〈body topmargin="숫자"〉	문서의 위쪽 여백 지정
〈body leftmargin="숫자"〉	문서의 왼쪽 여백 지정

서식 관련 태그

내용〈br〉	줄바꿈
〈p〉내용〈/p〉	문단 나눔
〈div〉내용〈div〉	문서의 내용을 구분하고 블록 그룹화 (레이어)
〈hr〉〈/hr〉	수평선 그리기 size=n 수평선의 두께, width 넓이 align=left,right,center 문단 정렬
〈hn〉문서제목〈hn〉	문서 제목 크기 1-6까지
〈pre〉내용〈/pre〉	형식 유지(입력한 그대로 보여줌)
〈i〉내용〈/i〉	이탤릭체
〈u〉내용〈/u〉	밑줄
〈b〉내용〈/b〉	굵게
〈strong〉내용〈/strong〉 〈tt〉〈/tt〉	타자체(Typewriter)
〈blockquote〉〈/blockquote〉	인용문
〈strike〉내용〈/strike〉	삭제 표시(글씨 중간에 줄)
〈sup〉내용〈/sup〉	윗 첨자
〈sub〉내용〈/sub〉	아래 첨자

목록 정의

〈ul〉〈/ul〉	순서 없는 목록
〈ol〉〈/ol〉	순서 있는 목록
〈li〉〈/li〉	ul,ol 태그의 목록(리스트)
〈dl〉〈/dl〉	용어정의 목록
〈dt〉	용어의 이름
〈dd〉	용어에 대한 설명

marquee

〈marquee direction=""〉	움직이는 방향 설정
〈marquee width="" height=""〉	움직이는 범위 지정
〈marquee bgcolor=""〉	배경색 지정
〈marquee scrollamount=""〉	스크롤의 이동폭(스크롤 합계) 지정
〈marquee scrolldelay=""〉	스크롤의 지연 효과 (1000은 1초)
〈marquee loop="숫자"〉	스크롤의 반복 횟수 지정
〈marquee behavior="alternate"〉	영역을 왕복 이동

이미지

〈img〉	이미지 삽입 태그
〈img src=""〉	그림의 주소(경로)
〈img src="" border="숫자"〉	이미지 테두리선은 n값
〈img src="" width="숫자"〉	이미지 넓이
〈img src="" width="숫자"〉	이미지 높이
〈img src="" alt=""〉	이미지에 대한 설명(풍선 도움말)
〈img src="" align ="left,right,center"〉	이미지 위치 정렬 방법 예)align="center"
〈img src="" align ="top,middle,bottom"〉	이미지 다음 글자를 이미지의 상단, 중앙, 아래쪽에 위치시킴
〈img src="" style=""〉	이미지에 필터 효과 주기(glow, shadow, alpha, glow, blue, wave, xray, invert 등) 예 style="filter:alpha(opacity=100, style=2, finishopcity=0)

멀티미디어

〈embed src=""〉	동영상, 사운드 삽입
〈embed src="" autostart=""〉	autostart="true" 홈페이지에서 자동 실행
〈embed src="" loop="숫자"〉	숫자만큼 반복 재생 −1 혹은 infinite 는 무한반복
〈bgsound src=""〉	백그라운드 음악 플레이어

embed 속성

autostart="true/false"	true (로딩되면서 자동 실행) / false
hidden="true/false"	ture (플레이어 보이지 않음) / false (플레이어 보임)
loop="true/false/숫자"	true : 무한반복 / false (한번만 반복) / 숫자 (숫자만큼 반복) -1 (무한반복)
width="수치" height="수치"	플레이어의 너비와 높이를 설정
〈showstatusbar="true/false"〉	플레이어의 상태바를 표시하거나 숨김
〈showcontrols="true/false"〉	플레이어의 컨트롤바를 표시하거나 숨김
〈showaudiocontrols="true/false"〉	플레이어의 볼륨 컨트롤을 표시하거나 숨김
〈showtracker="true/false"〉	플레이어의 트랙바를 표시하거나 숨김
〈volume="숫자"〉	볼륨을 1-100까지 조절할 수 있음

링크

〈a href="파일명"〉클릭〈/a〉	연결될 문서로 이동
〈a href="사이트주소"〉클릭〈/a〉	링크된 사이트로 이동
〈a href="mailto:메일주소"〉클릭〈/a〉	이메일 보내기로 연결됨 (아웃룩)
〈a name="#이름"〉책갈피부분 〈a href="#이름"〉클릭〈/a〉	같은 문서 내에서 책갈피부분으로 이동

표

〈table〉〈/table〉	표 삽입
〈tr〉〈/tr〉	표 안에서 한 행을 만들어 줌
〈td〉〈/td〉	한 행〈tr〉 안에서 한 셀을 만들어 줌
〈th〉〈/th〉	표에서 셀의 제목
〈table border="숫자"〉	표의 테두리 선
〈table bgcolor=""〉	표의 바탕색
〈table cellspacing="숫자"〉	셀과 셀 사이의 간격
〈table cellpadding="숫자"〉	셀과 셀 내부 글자와의 간격
〈table width="" height=""〉	표의 넓이와 높이
〈td colspan="숫자" rowspan="숫자"〉	셀을 가로 합치기 세로 합치기
〈td align=left,right,center〉	셀 안의 글자 가로기준 좌우 가운데 정렬
〈td valign=top,bottom,middle〉	셀 안의 글자 세로기준 상하 중간 정렬

〈input type="text"〉	텍스트 박스
〈input type="password"〉	비밀 번호나 암호
〈input type="checkbok"〉	체크 박스 (여러개 선택)
〈input type="radio"〉	라디오 단추 (1개만 선택)
〈input type="file"〉	파일 찾기 단 조건이 파일 업로드가 되려면 form태그에서 method를 post로 enctype=mulipart/form-data"를 반드시 지정해야 된다.
〈textarea rows="숫자" cols="숫자"〉 〈/textarea〉	긴 글 입력 (여러 행)
〈select name=""〉 　〈option value="빨강" selected〉빨강 　〈option value="빨강"〉노랑 　〈option value="빨강"〉파랑 〈/select〉	목록 선택
〈input type="button" value="버튼"〉	버튼
〈input type="submit" value="전송"〉	전송
〈input type="reset" value="취소"〉	다시 쓰기

프레임

〈frame〉〈/frame〉	한 페이지에서 2개 이상의 창
〈frame cols="n,*"〉	화면을 세로로 나누기(좌우 화면)
〈frame rows="n,*"〉	화면을 가로로 나누기(상하 화면)
〈frame src="파일명.확장자"〉	프레임에 불러올 파일
〈frame scrolling=""〉	프레임의 스크롤 지정(yes, no, auto)
〈frame border=n〉	프레임의 경계선의 크기 지정
〈frame target=""〉	프레임 창에서 링크될 때 보여 지는 창 지정
〈frame name=""〉	프레임의 이름(링크될 때 보여 지는 창 이름으로 사용됨)
〈frame marginwidth=n〉	프레임 창의 가로 여백
〈frame marginheight=n〉	프레임 창의 세로 여백

Ok! Click! 시리즈

초보자를 위한 기초 시리즈

No.01
Ok! Click
컴퓨터 한마당
유강수지음 |
국배변형판 | 232쪽 |
9,000원 | 전면 컬러

No.02
Ok! Click
윈도우 XP&인터넷으로
여행하기
정선아지음 |
국배변형판 | 186쪽 |
8,000원 | 전면 컬러

No.03
Ok! Click
한글로 문서 꾸미기
김혜영지음 |
국배변형판 | 152쪽 |
8,000원 | 전면 컬러

No.07
Ok! Click
한글 2007로
문서꾸미기
김혜영지음 |
국배변형판 | 152쪽 |
8,000원 | 전면 컬러

No.04
Ok! Click
엑셀로 숫자 계산하기
김혜영지음 |
국배변형판 | 152쪽 |
8,000원 | 전면 컬러

No.08
Ok! Click
포토샵 그림 그리기
김혜영지음 |
국배변형판 | 172쪽 |
9,000원 | 전면 컬러

No.05
Ok! Click
파워포인트로
발표하기
김혜영지음 |
국배변형판 | 168쪽 |
8,000원 | 전면 컬러

No.09
Ok! Click
파워포인트 2007로
발표하기
김혜영지음 |
국배변형판 | 172쪽 |
8,000원 | 전면 컬러

No.06
Ok! Click
포토샵 그림 그리기
이해구지음 |
국배변형판 | 188쪽 |
9,000원 | 전면 컬러
| 부록CD

No.10
Ok! Click
플래시 CS4로
애니메이션 날개달기
오민근지음 |
1월 출시

No.11
Ok! Click
윈도 7
오민근, 김혜영지음 |
국배변형판 | 188쪽 |
8,000원 | 전면 컬러

No.13
Ok! Click
컴퓨터랑 친구하기
7월 출시

7월 출시